St.Wendel

③

⑬

Neunkirchen

⑪

⑩

⑨

⑲

⑧

Saar-Pfalz-Kreis

⑰

1	Nennig
2	Merzig
3	Saarlouis
4	Püttlingen
5	Bous
6	Überherrn
7	Saarbrücken
8	Blieskastel
9	Kirkel
10	Homburg
11	Neunkirchen
12	Illingen
13	St. Wendel
14	Tholey
15	Theley
16	Nonnweiler
17	Gräfinthal
18	Steinberg-Deckenhardt
19	St. Ingbert
20	Großrosseln

Schlemmen im Saarland

Regionalküche mit Pfiff

g

Regionalküche mit Pfiff

Schlemmen

im Saarland Thomas Reinhardt

Gollenstein

Jochen Senf

Die Saarländische Regionalküche ist in ihrem Charakter einzigartig. Dieser ist ein erhabener. Zumindest für den Fremden. Erhaben sein heisst: Voller Verheissung, aber gleichzeitig bedrohlich und unerreichbar dazu. Trotz aller Beglückung, die in diesem Charakter liegt, glaubt der Fremde, stets ein hungriger bleiben zu müssen, weil sich ihm das Glück der Saarländischen Küche nicht sofort erschliesst. Das hat in erster Linie rein etymologische Gründe. Denn wer vermutet hinter *Mehlknepp* oder *Gefillde* oder gar *Dibbelabbes mit Wildschwein* eine Hochzeit des Gaumengenusses, ein Halleluja auf die Kochkunst, die einen *Hoorischen Mantel* oder einen *Gefillden Stallhasen mit warmem Grumbeersalat* zelebriert?
„Übersetzen Sie mir das mal", sagt der Gast, dem schon der Magen knurrt. „Oh", sagt der Wirt, vom Quack etwa in Saarbrücken, der Herr Wolfgang Quack, „Also Mehlknepp sind Mehlknöpfe, und Hoorischer Mantel ist haariger Mantel, und Dibbelabbes ist Topflappen mit Wildschwein und Gefillde sind Gefüllte und..." „Halt! Halt!", ruft der Gast, „Wer isst denn schon Haarige Mäntel und Topflappen und Knöpfe und Gefüllte?". Der Mann fühlt sich in die Fabel- und Märchenwelt der Gebrüder Grimm versetzt, wo Riesen ganze Städte menschenleer frassen und nurmehr Mantel und Lappen übrig blieben.
Er will das Lokal verlassen. Der Wirt tischt ihm einen Gefillden Stallhasen mit warmem Grumbeersalat und Bärlauchpesto auf. Erst zaghaft, gerade die äußerste Spitze der Gabel gefüllt, führt der sich den ersten Bissen zu,

leicht angespannt der Gesichtsausdruck, wie ein Verirrter in Feindesland nähert sich seine Zunge der Köstlichkeit auf der Gabelspitze, berührt sie, hält inne, und dann: Die Ängstlichkeit weicht einem Wonnestrahlen. Im Nu ist der Stallhase verschwunden, als spränge er aus dem Stall ins nächste Gebüsch. Der Wirt ist kurz verschwunden und kehrt mit Schüsseln zurück, die er vor den Gast auf den Tisch stellt. „Was ist das?", fragt der Wirt und zeigt auf eine der dampfenden Schüsseln. „Nun, das sind Klöße", sagt der Gast. „Falsch!", ruft der Wirt, „Das sind Gefillde. Zur Rundung gewordene Harmonie; in dieser vor Ihnen dampfenden Kugelform erschliesst sich einzigartig das Wesen dieser Region, die Seele seiner Einwohner!". „Aha!", sagt der Gast, „Gefüllte Saarländer?", und versteht kein Wort. Der Wirt verzweifelt. „Runder als rund geht nicht! Rund ist rund und wird es immer sein! Da kommt nichts dazwischen! Das Runde umschliesst gleichzeitig die Überraschung! Die Füllung! Den temporären Zeitsprung, heute so, und morgen anders, und grad wies' kommt! Keine Füllung wie die andere, variiert von Koch zu Koch! Awaa imma rund! Das ist saarländisch! Die Überraschung im steten Gleichmass!" Der Wirt erklärt dem Gast Dibbelabbes, Hoorische und Verheiratete. „Hier, die Hoorische, diese sanfte Hügellandschaft, -Heimat!-, aus rohen Kartoffeln geformt! Durch die Rinnsale aus Specksoßen sich winden! Und hier, der Dibbelabbes, der zerrissene, der immer wieder gewendete, diese Allegorie saarländischer Geschichte im Hin und Her der Zeiten! Wiederum harmonisch geglättet durch eine einzigartige Specksoße!" Von den Grundlagen Saarländischer Küche erzählt der Wirt, die, im Wechsel der Geschichte für das Fremde notgedrungen immer offen, sich alle Raffinessen ferner Kochkunst aneignete. „In unserer Küche zergeht Europa auf der Zunge!", sagt der Wirt. Höchste Zeit, dass „Schlemmen im Saarland" erschienen ist. Damit viele Gäste ein Loblied auf unsere einzigartige, grenzübergreifende und alle Grenzen sprengende Saarländische Küche singen. Guten Appetit!

Jochen Senf

Inhalt

Suppen

Salate und Gemüse

Kartoffeln, Mehl und viel Gefülltes

Fisch

Fleisch

Desserts

Thomas Reinhardt

Als der Autor dieser Zeilen als Schüler hungrig nach Hause kam, gab es nichts Schöneres als frisch zubereitete „Verheirade" (Mehlknöpfe mit Kartoffeln in einer Speck-Sahne-Soße), dazu hausgemachten Apfelkompott und Salat aus dem eigenen Garten. Das war immer ein Fest! Auch heute ist die regionale Küche wieder „in". Einheimische Produkte, mit viel Rücksicht auf deren Eigengeschmack zubereitet, finden immer mehr Anhänger - ob zu Hause oder im Restaurant.

Kein Wunder. Die BSE-Krise und diverse Lebensmittel-Skandale haben zumindest ansatzweise zu einem Umdenkungsprozess geführt. Massentierhaltung und Tiermehlverfütterung, Hormone und Chemie in Lebensmitteln - das muss und darf nicht sein. Wir sollten möglichst auf Produkte aus heimischen Regionen zurückgreifen, die im Einklang mit der Natur hergestellt werden. Auf Fleisch, Gemüse und Salat aus kontrolliertem Anbau. Schön, wer einen eigenen Garten hat.

Dieses Buch ist aus einem großen Rezeptwettbewerb der Saarbrücker Zeitung in Zusammenarbeit mit dem Verein der Köche im Saarland hervorgegangen.
Da waren Gerichte aus regionalen Produkten gefragt: Saarländische Küche einmal anders. Nicht nur mit dicken, fetten Soßen, nach den immer gleichen Rezepten. Sondern Gerichte mit viel Eigenaroma, frisch und knackig, mit neuen Ideen - Regionalküche mit Pfiff.

Neben den knapp zwanzig Betrieben, die am Wettbewerb teilgenommen haben, wurde noch ein gutes Dutzend weiterer Häuser aufgenommen. So ist eine schöne Auswahl quer durchs Saarland entstanden, ein breiter Querschnitt, der zeigt, dass in unserem kleinen Bundesland Essen und Trinken zu Recht groß geschrieben werden.

Herausgekommen ist ein handlicher Restaurantführer mit 35 Adressen zum Schlemmen - vom kleinen Bistro bis zum Feinschmecker-Restaurant. Und ein Buch mit originellen, interessanten Rezepten - vom Kantinenchef bis zum Sterne-Koch. Probieren Sie die Gerichte aus. Wandeln Sie ab, variieren Sie, je nachdem, was der Markt oder der eigene Garten gerade hergeben. Dazu gibt es zu jedem Gericht einen Getränkevorschlag mitsamt Bezugsadressen, sei es von saarländischen Winzern oder Weinimporteuren.

Die Gastronomie ist ein schwieriges, schnelllebiges Geschäft. Personelle Wechsel sind an der Tagesordnung. Küchenchefs und Restaurantleiter kommen und gehen. Bitte sehen Sie uns deshalb nach, wenn sich inzwischen die ein oder andere Änderung ergeben haben sollte. Nun bleibt mir nur noch, Ihnen viel Freude beim Besuch der ausgewählten Restaurants und beim Nachkochen der Rezepte zu wünschen.

Der Autor dankt allen, die bei der Entstehung von „Schlemmen im Saarland" mitgeholfen haben. Und ich möchte vor allem an die liebste Köchin der Welt erinnern, die mich mit den anfangs erwähnten „Verheirade", mit „Gefillde" und anderen deftigen Köstlichkeiten verwöhnt hat: Meine Mutter Erika, der ich dieses Buch widme. Danke!

Thomas Reinhardt

Restaurant Trampert im
Alten Pfarrhaus
Beaumarais

Ein originelles Restaurant im französischen Bistro-Stil, ein kleiner Wintergarten, eine hübsche Terrasse: Das Restaurant Trampert im Alten Pfarrhaus Beaumarais in Saarlouis ist für viele Gelegenheiten gerüstet. Patron Jürgen Trampert und Küchenchef Rudolf Erschfeld mit ihren Teams bieten in dem einladenden Eckhaus im Stadtteil Beaumarais eine saisonorientierte Feinschmeckerküche mit starkem französischem Akzent.

Restaurant Trampert im
Alten Pfarrhaus Beaumarais
Hauptstraße 2-4
66740 Saarlouis
Tel.: 0 68 31/96 56 70
Ruhetage: Samstagmittag, Sonntag,
Montagmittag

Willkommen im Paris der 20er- oder 30er Jahre. Die roten Lederbänke, die Messing-Geländer, die Spiegel und die schwarz-weißen Fliesen - das Restaurant Trampert hat Stil, hier sitzt man wie in einem klassischen französischen Bistro oder wie in einer der legendären Brasserien. Das prächtige Holz-Buffet mit der Marmor-Platte, ein seltenes Stück, von dem es nur drei Exemplare auf der Welt gibt, stammt tatsächlich aus Paris, erzählt Inhaber Jürgen Trampert. „Und die halbrunden Bilder von Roger Lersy hingen früher im Speisesaal des Luxusliners Liberty", ergänzt Trampert. Das Schiff sei in den 30er-Jahren zwischen Frankreich und New York verkehrt, und nachdem das Gefährt verschrottet worden war, kamen die Bilder über einen Antiquitäten-Händler schließlich nach Saarlouis. Vier der eindrucksvollen Gemälde hängen im Restaurant - und nach den halbrunden Bildern mit Motiven rund ums Genießen wurden die Decke und die ebenfalls halbrunden Fenster gestaltet. 35 Gäste finden hier und im

kleinen Wintergarten Platz, Gesellschaften bis 70 Personen können bewirtet werden. Hinzu kommt die Terrasse mit 16 Plätzen. Angeschlossen ist das Hotel mit 35 Zimmern und drei Suiten sowie die Brasserie Hofhaus mit einem schönen Innenhof (beide unter getrennter Leitung).

Der Wintergarten im Alten Pfarrhaus Beaumarais

Jürgen Trampert stammt aus Schwalbach, ist gelernter Restaurantfachmann und seit 15 Jahren im Haus. Seit Oktober 1998 führt er das Restaurant selbständig, seit Januar 1999 ist Rudolf Erschfeld als Küchenchef an Bord. Der Mann aus der Eifel (Jahrgang 1960) hat unter anderem in zwei der bekanntesten und höchstdekorierten Restaurants Deutschlands Erfahrungen gesammelt: Im Schiffchen in Düsseldorf und bei Helmut Thieltges im Waldhotel Sonnora in Wittlich. In Saarlouis-Beaumarais bietet er eine saisonorientierte Frischküche für Feinschmecker an - mit starkem französischen Einschlag. Die Menüs werden jeden Tag neu zusammengestellt, eine Fisch-Variation wird extra angeboten, über Mittag gibt's ein Business-Menü mit drei Gängen und dazu die Standard-Karte, die viermal im Jahr wechselt. Als Vorspeise kann man sich beispielsweise einen halben Hummer in einer Ingwer-Limonenwürze schmecken lassen, als Zwischengericht lockt ein gratinierter Kaninchenrücken, an edlen Fischen gibt es Medaillon vom Seeteufel, gegrillter Wolfsbarsch oder gebackenes Steinbuttfilet, und wer Fleisch mag, kann Feines vom Stubenküken, Lammrücken mit Gewürzkruste, Spanferkel mit Spitzkohl oder Barbarie-Entenbrust probieren. Die Weinkarte umfasst rund 150 Positionen, hauptsächlich aus Frankreich. Jürgen Trampert ist besonders stolz auf seine Bordeaux-Auswahl, „da sind auch einige schöne Raritäten dabei." Daneben gibt es einige italienische und spanische Weine im Angebot sowie eine kleine Auswahl deutscher Gewächse.

Sauerampfersuppe mit
Wachtel-Kräuterklößchen

Zutaten für vier Personen:

für die Suppe:

250 g Sauerampfer — von den Stielen befreien, 8-12 kleine Blätter für die Garnitur aussuchen. Den restlichen Sauerampfer in Salzwasser blanchieren und in Eiswasser abschrecken.

1 EL Butter — zerlassen,

2 Schalotten (fein gehackt) — dazugeben und glasig werden lassen. Mit

3/4 l Geflügel- oder Gemüsebrühe — aufgiessen, dann Sauerampfer grob hacken, dazugeben und zirka 10 Minuten köcheln lassen.
Im Mixer oder mit dem Stabmixer pürieren.
Aufkochen lassen und

5 EL Crème fraiche — unterrühren, mit

etwas Balsamico-Essig

weißem Pfeffer, Salz — abschmecken.

für die Wachtel-Kräuterklößchen:

100 g Wachtelbrust ohne Haut — und

100 g Sahne — gut kühlen. Beides im Zerkleinerer (Moulinette) zu einer feinen, glatten Masse mixen, bei Bedarf etwas Sahne zugeben. Mit

Salz, weißem Pfeffer — abschmecken.

1 EL gehackte Gartenkräuter — zugeben. Mit einem kleinen Löffel aus der Masse Nocken abdrehen und in siedendem Salzwasser zirka fünf Minuten ziehen lassen.

4 Wachteleier

mit einem kleinen Messer vorsichtig öffnen und in einer Pfanne mit zerlassener Butter vorsichtig zu Spiegeleiern braten.

Die Sauerampfersuppe in die Teller geben, die Wachtel-Kräuterklößchen als Einlage.
Das Wachtelei vorsichtig in die Tellermitte plazieren und mit den kleinen Sauerampferblättern dekorieren.

Getränkevorschlag:
Grauer Burgunder Spätlese trocken
vom Weingut Karl Petgen in Perl-Nennig.

Gräfinthaler Hof

Restaurant Gräfinthaler Hof
66399 Mandelbachtal
Tel.: 0 68 04 / 9 11 00
Ruhetag: Montag

Von der rustikalen Vesper oder dem selbstgebackenen Kuchen bis zum anspruchsvollen Menü: Im Gräfinthaler Hof werden die unterschiedlichsten Geschmäcker bedient. Das schmucke Haus nahe der Naturbühne Gräfinthal ist schon in der vierten Generation in Familienbesitz (Künzer-Vogelgesang) und gehört zu den beliebtesten Ausflugslokalen im Saarland.

Jörg Künzer

Im Sommer ist hier Hochsaison. Wenn auf der nahen Naturbühne Gräfinthal Freilicht-Theater gespielt wird oder Open-Air-Kino läuft, dann geht es auch im Gräfinthaler Hof hoch her. Das schön gelegene Landhaus mit dem weißen Putz, den dunklen Klappläden und dem üppigen Blumenschmuck ist seit vier Generationen in Familienbesitz und eines der klassischen Ausflugslokale im Saarland. Eine treue Stammkundschaft kommt immer wieder gerne hierher. In den letzten Jahren verstärkt auch Anhänger der gehobenen Küche. Das jüngste Familienmitglied macht's möglich: Jörg Künzer, der unter anderem im Parkhotel Gengenbach (Völklingen) und im Casino Schloss Halberg (Saarbrücken) Erfahrungen gesammelt hat, steht seit 1994 in Gräfinthal am Herd. Zusammen mit seiner Frau Miriam und den Eltern Ursula und Günter Künzer, die helfen, wo sie können, bietet der Küchenchef ein abwechslungsreiches Angebot für die unterschiedlichsten Geschmäcker an.

Sülze, Blut- und Leberwurst aus eigener Herstellung sind weithin bekannt - die Rezepte stammen von der verstorbenen Oma Maria Vogelgesang. Ebenso beliebt: der Flammkuchen aus dem Backofen im Hof. Knackig-frische Salate gibt's mal mit gebratenen Putenstreifen, mit pikant gewürzten Spare-Ribs oder mit rosa gebratener Entenbrust. Als Vorspeise lockt zum Beispiel eine Kartoffelterrine aus blauen Kartoffeln mit Schnittlauchsoße und gebratenen Scampi. Und die Hauptgerichte reichen von gegrilltem Lachssteak auf Papardelle (breite Bandnudeln) mit Pesto oder Zanderfilet in der Kartoffelkruste mit Pommery-Senfsoße über

gebratene Poulardenbrust in Morchelrahm und in Rotwein geschmorter Kaninchenkeule bis zu Lammrücken mit feinen Kräutern überbacken oder Filetsteak vom Angusrind mit Boursinkäse gefüllt auf Pfefferrahmsoße.

Im Gräfinthaler Hof kann man sich das ganze Jahr über verwöhnen lassen. In der warmen Jahreszeit auf der großen Terrasse unter schattigen Bäumen, ansonsten im gemütlichen Restaurant. Dort brennt freitags, samstags und sonntags ein Buchenholzfeuer unterm Grill, werden Kaminbraten mit Sahnemeerrettich, Kalbsrücken- oder Rinderfiletsteaks gegrillt. Und ein attraktives Menü gehört auch zum Angebot.

Pot au feu von
Bachsaibling, Zander und Flusskrebsen

Zutaten für vier Personen:

2 Stück Bachsaibling
1 Zander (zirka 1,5 kg)

schuppen, filetieren und entgräten (kann man auch vom
Fischhändler machen lassen - Gräten einpacken lassen!).
Die Gräten mit kaltem Wasser gründlich spülen,
abtropfen lassen und mit

und

gut vermischen. Diesen Kläransatz mit
und
aufgießen.

100 g hellem Wurzelgemüse
gewürfelt (Sellerie, Lauch, Schalotte)
1/2 Knoblauchzehe,
1 Thymianzweig
1 Estragonzweig, 1 Eiweiß
3/4 l kaltem Fischfond
1/8 l trockenem Riesling

Bei mittlerer Hitze zum Kochen bringen und zirka
15 Minuten köcheln lassen, wenn erforderlich etwas
abschäumen.

Die geklärte Suppe durch ein Tuch passieren,

10 Safranfäden   zugeben und mit

Salz, Pfeffer   abschmecken.

8 Flusskrebsschwänze vorsichtig auslösen, die Fische portionieren, mit Salz
und dem Saft von

1 Zitrone   würzen und in der siedenden Brühe garen - sie sollen
noch saftig sein. Wichtig ist, dass die Brühe nur siedet,
bei zu starkem Kochen würde sie wieder trüb werden.
Fisch und Krebsschwänze mit einer Schaumkelle
herausnehmen und auf heißen, tiefen Tellern anrichten.
Die Brühe noch einmal durch ein Tuch passieren, abschmecken und über die Fische verteilen.

Gemüse-Einlage nach Saison, z. B.

Mini-Karotten, Spargel, Zucchini   bissfest gegart nach Wunsch dazugeben und mit
frischen Kräutern dekorieren.

Getränkevorschlag:
Ein Grauburgunder vom Weingut Carlsfelsen
(Armand Frank) in Palzem/Mosel.

Ressmann´s

Residence

Ressmann´s Residence
Kaiserstraße 87
66459 Kirkel
Tel.: 0 68 49/9 00 00
Ruhetage: Samstagmittag,
Sonntagabend und Dienstag

Spitzengastronomie ist von jeher sein Ziel. Günther Ressmann hat sich in Kirkel ein weit über die Grenzen des Saarlandes bekanntes Anwesen aufgebaut: Ressmann´s Residence. Der gebürtige Österreicher geht mit seiner Küche auf Weltreise: Vom Saarland über Frankreich bis Österreich und via Italien nach Asien.
Im Klartext: „Wir verfeinern französische Rezepturen mit regionalen Höhepunkten und österreichischen Schmankerln. Das Ganze wird erweitert mit Kreationen aus der leichten italienischen und der pikanten asiatischen Küche."

Paul-Michael Zürn

*Drei Räume, rund 70 Plätze und im Frühjahr
2002 soll eine Terrasse hinzukommen.*

Dazu 20 mit viel Komfort ausgestattete Hotelzimmer, individuelle Wochenend-Arrangements,
und auf Wunsch wird auch außer Haus
gekocht: Ressmann´s Residence in Kirkel.
In der Kaiserstraße 87 heißen Günther und Antonina
Ressmann ihre Gäste willkommen, um sie „nach allen
Regeln der Kunst zu verwöhnen", so der Patron.
Ressmann (Jahrgang 1951) stammt aus Tirol, ist aber
schon zwei Jahrzehnte im Saarland zu Hause. Der erfahrene Küchenchef und Gastronom bedient sich der
Produkte vieler Länder, variiert seine Gerichte von
klassisch-französisch über italienisch-mediterran bis zu
asiatisch, lässt Regionales einfließen und bietet Schman-
kerl aus seiner österreichischen Heimat an. Von der
Gourmetküche bis zum hochwertigen Partyservice für
mehrere hundert Gäste - da ist der Chef auf erstklassige
Mitarbeiter angewiesen. So steht seit dem 1. Januar 2001
mit Paul-Michael Zürn (Jahrgang 1970) ein junger, ehr-
geiziger Küchenchef in Kirkel am Herd. Der sympathische
Küchenmeister - er hat die Prüfung im Dezember 2000
mit dem Meisterpreis abgeschlossen - stammt aus
Freudenstadt im Schwarzwald, hat zunächst im elterlichen Betrieb eine Metzger- und dann im Kurhotel
Palmenwald in Freudenstadt eine Kochlehre absolviert.

N ach weiteren Stationen wurde er Chef de Partie im Restaurant Graues Haus in Oestrich-Winkel, anschließend sammelte er unter anderem in einem weiteren Sterne-Restaurant Erfahrung: Als Chef Patissier bei Jörg Müller auf Sylt.

Das Restaurant ist dreigeteilt: Da ist der neue, große Raum mit der prächtigen Tür aus satiniertem Glas, dem Lichterkranz und dem Leuchter, alles in einem hellen Grün gehalten. Dazu die

Vorhänge im selben Ton und schön kontrastierend die Kirschbaumstühle und die Glasvitrinen. Im kleineren Raum dominiert die Farbe Blau, und wer in kleiner, ungestörter Runde sitzen will, kann sich ins Jagdzimmer zurückziehen.

Vom 3-Gang- bis zum 7-Gang-Überraschungsmenü, vom Sommer- oder Herbst- bis zum Gourmet-Fischmenü wollen Ressmann, Zürn und ihre Mitarbeiter ihren Gästen Besonderes bieten. Da gibt's Klassiker wie Wiener Kalbstafelspitz auf Meerrettichsoße oder Barbarie-Entenbrust glaciert mit

Honig auf Orangensoße. Da locken gratinierte Felsenaustern auf Blattspinat und Champagnersoße, wird das Filet von der Dorade mit frischen Kräutern gebraten, auf Rieslingrisotto gebettet und mit Rucolapesto veredelt. Da badet ein Trio von Meeresfrüchte-Tortellinis in Safranschaum, da machen es sich gebackene Herzkirschen auf Cassis-Sahne bequem, umgeben von hausgemachtem Salbeiblüteneis. Das Tagesangebot steht auf einer großen Tafel, und immer eine Sünde wert sind die edlen Gewächse aus dem Weinkeller...

Schaumsüppchen von
Radieschen mit gratinierter
Rotbarbe

Zutaten für sechs Personen:

für die Suppe:

2 Bund Radieschen ohne Grün	schälen (Schalen aufheben) und mit
6 Schalotten, 1 Knoblauchzehe	glasig anschwitzen. Mit
0,2 l Weißwein	ablöschen und mit
1,5 l guter Brühe (Gemüsefond)	auffüllen.
1 Lorbeerblatt	dazugeben und das Ganze auf ca. 1 Liter reduzieren.
0,4 l Sahne	zugießen und aufkochen. Das Lorbeerblatt wieder heraus-

nehmen und die Suppe mit den roten Radieschenschalen
aufmixen, durch ein Spitzsieb abgießen und nochmals
aufkochen. Mit

Salz, Pfeffer
1 Prise Zucker, 4 cl Wermut   abschmecken.

für das Bärlauchpesto:

ein paar Blätter Bärlauch   pürieren, mit
einigen EL Olivenöl   mischen.

1-2 Tomaten   häuten und entkernen, in feine Würfel schneiden.

für die Rotbarbe:

6 entgrätete Filets von der
Rotbarbe   mit der Hautseite nach oben legen, würzen und mit Bärlauchpesto bestreichen.

Die Tomatenwürfel drauflegen und mit

bei Oberhitze gratinieren (zirka 4 Minuten bei 250 Grad).
und
hinzufügen.

1 EL frisch geriebenem Weißbrot,
6 Butterflocken
0,2 l geschlagene Sahne
Radieschenstreifen

Getränkevorschlag:
Ein gehaltvoller Chardonnay von Bernd Philippi,
Weingut Koehler-Ruprecht in Kallstadt/Pfalz.

Harald Lorang

Harald Lorang

Reha-Klinik Illingen

Er selbst liebt „Steaks und Salate in allen Variationen", doch als pfiffiges Regional- rezept hat er sich ein Süpp- chen einfallen lassen: aus Rotkraut.

Reha-Klinik „St. Hedwig" Illingen
Krankenhausstraße 1
66557 Illingen
Tel.: 0 68 25/401-0

*Dieses Buch entstand aus der Serie „Regionalküche mit Pfiff"
der Saarbrücker Zeitung in Zusammenarbeit mit dem Verein der
Köche im Saarland. Der 1. Vorsitzende des Vereins, Kurt Haas,
ist Küchenchef in der Reha-Klinik „St. Hedwig" in Illingen.
So ist es kein Wunder, dass sich die ganze Küchenmannschaft
mit mehreren originellen Rezepten beteiligte. Zwei davon haben
wir ausgesucht, hier stellen wir das Rotkrautsüppchen von
Harald Lorang vor.*

Harald Lorang wohnt in Merzig-Merchingen und ist stellvertretender Küchenleiter in der Reha-Klinik „St. Hedwig" in Illingen. „Wenn man aus Sauerkraut, Wirsing oder anderen Gemüsen eine Suppe machen kann, dann müsste das doch auch mit Rotkraut funktionieren", erzählt der Koch (Jahrgang 1959), wie er auf die Idee kam. Zweimal hat er die Suppe ausprobiert, zuletzt kam das entscheidende i-Tüpfelchen: „Etwas Süßes hat noch gefehlt", meint Lorang. Er rundete sein Gericht mit einem Löffel Apfelkompott ab - das war's. Die Cafeteria der Illinger Klinik ist nicht nur für Patienten und Mitarbeiter, sondern auch für Gäste geöffnet. Von 7.30-10 Uhr kann man dort frühstücken, von 11.30-13 Uhr wird ein preiswerter Mittagstisch angeboten. Zwei Menüs (jeweils mit Tagessuppe und Dessert) stehen zur Auswahl, erklärt Küchenchef Kurt Haas.

Merchinger
Rotkrautsüppchen
mit Schnittlauchsahne

Zutaten für vier Personen:

40 g Butter	in einem großen Topf zerlassen,
100 g Speckschwarte	
(grob zerteilt)	und
50 g feingehackte Zwiebeln	anschwitzen,
2 feingedrückte Knoblauchzehen	dazu geben, kurz mitrösten.
200 g feingeschnittenes Rotkraut	und
2 Zweige frischen Thymian	in den Topf legen und unter öfterem Rühren einige Minuten mitdünsten.
1/8 l Rotwein, 0,75 l Fleischbrühe	angießen.
Gewürzsäckchen aus	
2 Lorbeerblättern	
5 Wacholderbeeren und 1 Nelke	in die Suppe legen und alles etwa 25 Minuten bei geringer Hitze köcheln lassen. In der Zwischenzeit
4 fingerdicke Scheiben Flûte	
(am besten vom Vortag)	entrinden, in feine Würfel schneiden und in
1 EL Butter	schön kross braten. Gewürzsäckchen, Thymianzweige und Speckschwarte aus der Suppe nehmen. Suppe mit Passierstab pürieren, mit
1 EL Apfelmus (oder Apfelsaft)	und mit Salz und Pfeffer abschmecken. In vorgewärmte Teller geben, mit
100 ml halbsteif geschlagener Sahne,	
1 EL feingehacktem Schnittlauch	und Brotwürfel garnieren.

Getränkevorschlag:
Ein Faugères AC Rosé von Chateau Grézan,
Languedoc/Frankreich
(Weinimport Leistenschneider Schmelz).

Beim Patric

Gasthaus Beim Patric
Bliesgaustraße 5
66440 Blieskastel
Tel.: 0 68 42/5 17 44
Geöffnet ab 18 Uhr (sonntags ab 12 Uhr)
Ruhetage: Montag und Dienstag

Früher standen hier harte Holzbänke, wurde gerechnet, gelesen und geschrieben. Heute sitzt man auf bequemem Polster und lässt sich verwöhnen. Das alte evangelische Schulhaus von Blieskastel erkennt man kaum wieder. Außen und innen aufwändig renoviert, hat in dem gut 100 Jahre alten Gebäude in der Bliesgaustraße 5 ein bekannter Blieskasteler Gastronom Einzug gehalten: Patric Brocker und seine Frau Manuela. Das „Gasthaus Beim Patric" ist auf Anhieb zu einer gefragten Adresse geworden.

Patric und
Manuela Brocker

Brocker - dieser Name ist in Blieskastel ein Begriff. Patric und Manuela (beide Jahrgang 1963) kennen sich seit der 6. Klasse und leben inzwischen seit 27 Jahren in dem Städtchen an der Blies. Hier hat der gebürtige Saarbrücker beim Schwalb gelernt und dann unter anderem in der Fasanerie in Zweibrücken und im Le Jardin in St. Ingbert gearbeitet. In Blieskastel war er Küchenchef im Restaurant Zur Alten Post und zuletzt im Bistro Salü. Jetzt hat er mit seiner Frau Manuela, die sich freundlich und aufmerksam um den Service kümmert, das ehemalige Schul- und Gemeindehaus in der Bliesgaustrasse gepachtet. Am Freitag, 13. April 2001, war Eröffnung und die Resonanz in den ersten Monaten großartig, „wir waren fast jeden Abend ausgebucht", so der Patron. Da passt es gut, dass auch Sohn Jörg (Jahrgang 1986) und Tochter Yvonne (1983 geboren), die Hotelfachfrau lernt, mithelfen, wo sie können. Im großen Gastraum (dem ehemaligen Schulsaal) mit warmen Terracotta-Tönen und vielen Pflanzen stehen gut 60 Plätze zur Verfügung, ganz bewusst will man „ein breites Publikum ansprechen", so Patric Brocker. „Bei uns kann man auch nur etwas trinken und ansonsten alles bekommen, von einfach und rustikal bis zur Feinschmeckerküche." Was nicht heißt, dass Familie Brocker ein riesiges Angebot vorhält. „Qualität und Konstanz sind uns wichtig, bei uns wird alles selbstgemacht, von der Sülze oder den Nudeln bis zum Dessert." Außerdem legt man Wert auf ein „sehr gutes Preis-Leistungsverhältnis".

Die Küche ist von 18 bis 23.30 Uhr geöffnet, das Angebot reicht vom kleinen gemischten Salat oder der Tomatensuppe mit Croutons bis zum Zander im Sesam-Käsemantel an Tomatensoße oder dem Rumpsteak mit Basilikumbutter. Salate und Nudelgerichte sind gut vertreten, vegetarische Gerichte haben einen festen Platz auf der Karte, „und dazu gibt es immer zwei, drei Empfehlungen", erklärt der Küchenchef. „Wenn ein Gast etwas Besonderes haben möchte, ein schönes Menü für eine Feier oder so - das ist bei uns kein Problem." Waller in Rotweinbutter, Lammrücken im Blätterteig oder Crepinette vom Hirschfilet - bei Brockers werden auch anspruchsvolle Gäste fündig.

Lyonersalat

„mal anders"

Zutaten für vier Personen:

1 Ring Lyoner, 2 rote Paprika

zusammen mit · 1 mittelgroßen Zwiebel

und · 6 Essiggurken

in Würfel schneiden. · 4 EL mittelscharfen Senf

8 EL Weinessig, 16 EL Pflanzenöl

2 EL Sesamöl, 1 Prise Zucker

frische Kräuter, Gurkenfond

hinzugeben, 1/2 Stunde ziehen lassen.

In der Zwischenzeit · 6 große Kartoffeln

schälen, längs halbieren und mit einem Ausstecher

aushöhlen. Im Fett bei 180 Grad frittieren bis die

Kartoffelhälften goldgelb sind,

mit Küchenpapier abtupfen und würzen.

10 junge Kohlrabiblätter	in feine Streifen schneiden und ca. 20 Sekunden frittieren. Die Streifen auf ein Küchentuch legen und mit
Salz und schwarzem Pfeffer	würzen.
3 Zwiebeln	in Streifen schneiden und mit
60 g gewürfeltem Dörrfleisch	anbraten.

Dörrfleisch und Zwiebel in die Tellermitte geben,
die Kartoffel-Schiffchen mit dem Lyonersalat füllen. Die
frittierten Kohlrabiblätter auf dem Lyonersalat dekorieren.

Getränkevorschlag:
Ein frisch gezapftes Karlsberg Urpils aus Homburg oder
ein fruchtiger weißer Sizilianer, der Primula von Firriato
(Jacopini, Neunkirchen).

Hotel-Restaurant **Bard**

im Hofgut Imsbach

Hotel-Restaurant Bard
Hofgut Imsbach
66636 Theley
Tel.: 0 68 53 / 50 14-0
Kein Ruhetag

Natur pur. In dieses Fleckchen Erde kann man sich verlieben. Zwischen Schaumberg und Bostalsee, in der Nähe von Theley, inmitten von Wäldern liegt das historische Hofgut Imsbach. Hier wurden schon zu Napoleons Zeiten rauschende Feste gefeiert. Inzwischen ist hier ein stolzes Anwesen entstanden, ein Zentrum der Gastronomie mit Hotel, Restaurant, Tagungsräumen, Bio-Bauernhof, einem kleinen Laden und einigem mehr.

Ute Bard und ihr Küchenchef Fabrice Bertrand im Kräutergarten

Bard das Hotel, Restaurant & Kongresszentrum Bard im Hofgut Imsbach. Die Gastronomin hatte zuletzt den elterlichen Betrieb in Theley geführt. „Die Imsbach ist für mich ein Stück Heimat", erklärt Ute Bard, „und was daraus geworden ist, ist ein Traum. Es ist einfach wunderschön hier."

„Zur Zeit sind hier 20 Mitarbeiter beschäftigt", so Ute Bard, Kopf und Herz des ganzen Unternehmens. Und der gute Geist des Hauses ist Seniorchefin Irene Bard, die mit Rat und Tat zur Seite steht. Zusammen mit Küchenchef Fabrice Bertrand (Jahrgang 1975), der aus Bergerac / Südwest-Frankreich stammt, und den Küchen- und Service-Teams kann man sich im Restaurant (90 Plätze) auf der Terrasse (60 Plätze), in Berthas Guter Stube (20) oder im Blauen Salon (30) verwöhnen lassen. Für größere Feiern steht der Festsaal Colonel Lapointe zur Verfügung (bis zu 160 Gäste). Der selige Colonel hatte von seinem Pariser Schlösschen Steine für den Bau eines Herrenhauses hierher bringen lassen.

N achdem der historische Gebäudekomplex restauriert, modernisiert und erweitert wurde, präsentiert sich auch die Gastronomie unter neuer Regie.
Ute Bard leitet als Geschäftsführerin zusammen mit ihrem Bruder Richard

Das Restaurant wurde mit Rücksicht auf die historische Bausubstanz und der umgebenden Landschaft mit viel Holz aus heimischen Wäldern gestaltet. Der große lichtdurchflutete Raum lässt den Blick frei auf den Wald und die umliegenden Seen. Von der Vesper über vegetarische Gerichte und Salat-Kompositionen bis zu „Mutters Feiner Küche" und französischen Spezialitäten reicht das Angebot. Besonders beliebt sind Gerichte mit Rindfleisch vom Bio-Bauernhof auf dem Hofgut Imsbach: Da gibt´s Gulaschsuppe, Rindfleischsalat mit Bratkartoffeln, Rinderroulade mit Spätzle und Gemüse, Rumpsteak mit Röstzwiebeln und Salat oder Filet vom Bio-Rind mit Senfsoße und Pommes dauphines. Gute Fortschritte macht auch der große Kräutergarten mit vielen Blumen und Blüten zum Kochen und Dekorieren.

Im Frühjahr und Sommer ist das Hofgut Imsbach ein beliebtes Ausflugsziel, hier treffen sich Spaziergänger, Wanderer und Radfahrer, sitzen Geschäftsleute und Tagungsteilnehmer (Seminare), feiern Familien und Hochzeitsgesellschaften. Das Hotel verfügt über 31 Doppel- und vier Appartmentzimmer sowie einen Wellnessbereich.

Und damit sind die Möglichkeiten auf dem Hofgut Imsbach noch lange nicht erschöpft. Ute Bard: „Wir haben noch einige Ideen auf Lager."

Grüner Spargel mit
Mandel-Radicchio
und Rucola-Tagliatelle

Zutaten für vier Personen:

1,5 kg grünen Spargel	putzen und gegebenenfalls schälen (dünnen grünen Spargel nur am „harten" Ende). Schräg in 2 cm große Stücke schneiden.
2 Kopf Radicchio, 2 Bund Rucola	putzen, 8 große Radicchioblätter zur Seite legen, den restlichen Salat in Streifen schneiden.
200 g Tagliatelle (dünne Bandnudeln)	in einem großen Topf mit Salzwasser al dente (bissfest) kochen.
	In einer Pfanne 2/3 von insgesamt
300 ml Olivenöl	vorsichtig erhitzen, den geschnittenen Spargel darin anschwenken,
70 g Mandelblätter	zufügen, mitrösten.
Schwarzen Pfeffer	und
Zucker	nach Geschmack zugeben. Mit
50 cl Geflügelfond	ablöschen.
	Den geschnittenen Radicchio dazu geben, vorsichtig schwenken. Zum Schluss
2 EL Balsamico-Essig	zufügen, noch mal schwenken.
	Auf vier vorgewärmte Teller je eine Portion Spargel geben, obenauf je 2 Radicchioblätter legen und kurz warm halten.

Tagliatelle mit Rucola, dem restlichen Olivenöl, und Pfeffer in die Spargelpfanne geben und kurz anschwenken.
Die Rucola-Tagliatelle auf den Radicchio-Blättern anrichten und mit frisch gehobeltem bestreuen.

Meersalz

200 g Parmesankäse

Getränkevorschlag:
Ein frischer Auxerrois QbA trocken
vom Weingut Edgar Gales in Perl-Nennig.

Restaurant Carat
Saarbrücker Straße 5
66740 Saarlouis-Fraulautern
Tel.: 0 68 31/8 83 11
Ruhetage: Sonntag und Montagabend

40 Jahre ist er im Beruf, seit 20 Jahren selbständig, seit rund zehn Jahren führt er das Restaurant Carat im Vereinshaus in Saarlouis-Fraulautern: Lothar Guldenkirch. Mit seiner Frau Jackie bietet er eine gehobene, saisonorientierte Küche, von regional bis international. Als Rezept hat er sich vier Würstchen im grünen Mantel ausgedacht.

Lothar Guldenkirch ist Koch aus Leidenschaft. Zuhause im Betrieb und auch im Verband der Köche aktiv. Im Herbst 2000 wurde er „für 25-jährige treue und engagierte Mitarbeit" vom Verband geehrt. „Essen ist nicht nur mein Beruf, sondern auch mein Hobby", erklärt der Küchenchef (Jahrgang 1947).

Der gebürtige Griesborner begann seine Ausbildung 1961 im Saalbau in Saarlouis, führte fünf Jahre lang als Küchenchef im bekannten Johannishof in Saarbrücken Regie und machte sich 1981 in Dillingen-Pachten im Restaurant Seerose selbständig. 1992 wurde das Vereinshaus in Fraulautern gebaut, Lothar und Jackie Guldenkirch übernahmen das angeschlossene Restaurant Carat. Hier wollen sie mit einem hochkarätigen Angebot ihre Gäste verwöhnen.

Lothar und Jackie Guldenkirch

Das Restaurant verfügt über 60 Plätze, ist festlich in Blau - die Hausfarbe - eingedeckt, die Wände zieren Bilder des einheimischen Hobbykünstlers Manfred Wey. In Nebenräumen können Gesellschaften von 30 bis 300 Personen bewirtet werden. Das Angebot von Familie Guldenkirch ist breit gestreut. „Wir bieten eine gehobene Küche, die sich an der Saison und regionalen Traditionen orientiert", erklärt Lothar Guldenkirch.

Da gibt´s beispielsweise Zwie-
bel-, Gulasch- oder Pilzcrème-
suppe, verschiedene Salate
sowie Vorspeisen wie gefüllte Champig-
nonköpfe oder Kräuterlachs. Im großen
Angebot findet der Fischliebhaber
sicherlich das Passende: Scholle und
Seezunge, Scampi oder Zander. Beliebt
sind die verschiedenenen Fleischgerichte: Schweinerücken- oder Rumpsteak, gebratene Ente oder Lamm-
Medaillons, Kalbsrücken oder Wildspe-
zialitäten. Wer´s deftig-rustikal mag:
Grombier-Spatzen mit Speckrahmsoße
oder der klassische Tafelspitz mit
Meerrettich und Bratkartoffeln.
Aus dieser Abteilung stammt auch das
Rezept für dieses Buch: Quartett von
gefüllten Wirsingblättern oder:
vier Würstchen im grünen Mantel.

Quartett von gefüllten
Wirsingblättern

herausschneiden, aneinandergereiht zu einem großen
Blatt formen, mit
2 von insgesamt
zerdrücken und mit 2 EL
vermengen. Diese Masse auf dem Wirsingblatt in der
Mitte gleichmäßig verteilen.

Zutaten für vier Personen:

Wirsingblätter (je nach Größe
4-6 Blätter pro Portion)

Salz, Pfeffer
8 mittelgroßen Pellkartoffeln
süßem Senf

Von

1 Hausmacher Blutwurst
1 Hausmacher Leberwurst
1 Lyonerwürstchen
1 Kochmettwurst

jeweils ein Würstchen auf das vorbereitete Wirsingblatt legen und das Ganze als Roulade zusammenrollen und die Enden nach unten einschlagen. Danach die anderen drei Wurstsorten ebenso einpacken. Die Wirsingrouladen in eine feuerfeste Form oder einen Bräter legen, etwas

Gemüse- oder Fleischbrühe
200 g gekochten Schinken
2 Zwiebeln

dazu gießen.
und
in Streifen schneiden, darüber streuen.
Das Ganze zirka 45 Minuten zugedeckt im vorgeheizten Backofen garen.
Die vier Wirsingrollen in Scheiben schneiden, je eine Scheibe auf einem großen Teller anrichten, mit frischen, gehackten Kräutern bestreuen. Dazu passt gut eine Speck-Rahm-Soße (Speck auslassen, Zwiebel glasig dünsten, mit Sahne auffüllen und mit Kräutern abschmecken).

Getränkevorschlag:
Der kräftige Rosé Méridienne von der Domaine Lárjolle aus Languedoc/Frankreich
(Jacques´ Wein-Depot Saarbrücken).

Zum **Blauen Fuchs**

Restaurant Zum Blauen Fuchs
Walhausener Straße 1
66649 Oberthal/Steinberg-Deckenhardt
Tel.: 0 68 52 / 67 40
Ruhetage: Montag und Dienstag,
wochentags nur Abendessen

Steinberg-Deckenhardt? Der kleine Gemeindeteil von Oberthal ist sicher nicht gerade jedermann ein Begriff. Hier mögen sich Fuchs und Hase gute Nacht sagen - doch so mancher Freund einer kreativen Frischküche mit mediterranem Einschlag kennt das Dorf im nördlichen Saarland. Oder besser gesagt: Er kennt das Restaurant „Zum Blauen Fuchs" von Christiane und Olaf Bank. Denn das ist einen Besuch wert - und bei einem wird´s nicht bleiben...

Olaf Bank und
seine Frau Christiane

Wenn Olaf Bank kocht, entstehen reizvolle Kombinationen - für alle Sinne. Der Inhaber und Küchenchef im Restaurant Zum Blauen Fuchs in Steinberg-Deckenhardt (Gemeinde Oberthal) spielt gerne mit Farben. Bei Fischen und Gemüsen beispielsweise. „Blauer Pomfretfisch auf gelber Paprikasoße mit grünen Spargelspitzen" heißt ein Gericht. Pomfretfisch? „Das ist eine Art Makrele aus dem indischen Ozean", erklärt Olaf Bank. Anderes Beispiel: Weißes Wallerfilet mit Spinat gratiniert (grün) in Safransoße (gelb). Und dann die Desserts, da kann man lustvoll kombinieren. Rot-weiß-braun etwa: Marinierte Erdbeeren mit warmem Schokoladenkuchen und weißem Kaffee-Eis: ein harmonisches Gericht. Das Haus in der Walhausener Straße 1 ist seit gut 40 Jahren in Familienbesitz. Aus der Dorfgaststätte ist unter der Leitung von Olaf und Christiane Bank eine beliebte Feinschmecker-Adresse im Landhaus-Stil geworden. Gelbe Tapeten mit bunter Bordüre, lindgrün gestrichene Decke und in kräftigem Rot gestrichene Holzleisten sorgen auch im Restaurant für Kontraste. Und die hellgelben, lichtdurchfluteten Vorhänge schaffen Atmosphäre. Die Tische sind elegant in Weiß eingedeckt und hübsch dekoriert, beispielsweise mit roten Rosenherzen. Olaf Bank, der aus dem Badischen stammt, bietet eine kreative, mediterran ausgerichtete Frischküche an, arbeitet sehr gern mit Kräutern und gutem Olivenöl. „Wir orientieren uns stark am Markt, bei uns gibt es keine feste Karte", erklärt der Patron.

Löwenzahn-Salat mit

Kartoffeldressing und Welskrusteln

Zutaten für vier Personen:

4 kleine Kartoffeln

schälen und kochen. Die warmen Kartoffeln mit | 3 EL Champagner-Essig
4-5 EL Olivenöl, 2 cl Sahne

im Mixer zu einem sämigen Dressing aufschlagen, mit
durchgepressten | 2 Zehen Knoblauch
Salz, Pfeffer

abschmecken.
Das Dressing warm stellen.

in kleine Würfel schneiden, zusammen mit | 3 Scheiben Weißbrot
in einer Pfanne rösten, ebenfalls warm stellen. | 150 g Speckstreifen

in Streifen schneiden und mit Salz und Pfeffer würzen, | 320 g Welsfilet
leicht in Mehl wenden und in einer gut heißen Pfanne
in Olivenöl braten.

400 g geputzten und gewaschenen
Löwenzahn

mit Kartoffeldressing mischen
(Dressing darf nur leicht warm sein),

40 g geschnittenen Bärlauch

hinzugeben und auf flachen Tellern anrichten.
Welskrusteln, Brot und Speck über den Salat geben.

Als Krönung: 2 Spiegeleier von der Wachtel obenauf setzen, ersatzweise: ein ausgestochenes Hühner-Spiegelei.

Getränkevorschlag:
Ein feiner Weißburgunder von Johannes Peters,
Wiltingen/Saar.

Stichwort: Löwenzahn

Zuerst die zarten grünen Blätter, dann die Knospen, wenig später
die goldgelben Blüten und zuletzt die Pusteblumen mit ihren zarten
Fallschirmchen: Das sind die vier Gesichter des Löwenzahn.
„Taraxum officinale" ist der botanische Name, Bettseicher wird er
im Saarland genannt, „pissenlit" heißt er in Frankreich - seiner
harntreibenden Eigenschaften wegen. Der Löwenzahn ist ein nutz-
bares Wildkraut wie der Sauerampfer, der wilde Schnittlauch oder
die Schlüsselblume. Aus den jungen, zarten Blättern kann man
einen Salat machen. Aber auch die Blüten sind essbar. Die noch
geschlossenen Blütenknospen kann man wie Kapern einlegen und
auf einer Vorspeisenplatte reichen oder in Butter dünsten als Gemüse. Die goldgelben Blüten bringen als essbare Dekoration Sonne
in jeden Frühlingssalat. Oder man gewinnt daraus einen feinen
Löwenzahn-Honig.

H.P.´s Restaurant
Die Linde

H.P.´s Restaurant Die Linde
Einöder Straße 60
66424 Homburg-Schwarzenbach
Tel.: 0 68 41/26 94
Ruhetage: Samstagmittag und Montag

Eine blühende Adresse. Schon zu Zeiten seiner Ur-Oma und seiner Eltern war „Die Linde" in Homburg-Schwarzenbach eine Gastwirtschaft. Inzwischen hat Hartmut Pfeiffer aus dem Haus in der Einöder Straße einen beliebten Treffpunkt für Freunde guten Essens gemacht: H.P.´s Restaurant Die Linde.

Hartmut Pfeiffer

Weiße Holzdecken, die Wände in einem warmen Orange-Ton gestrichen, elegant in Weiß eingedeckte Tische mit Kerzen: In diesem Rahmen kann man genießen. Vor allem die französisch-mediterran ausgerichtete Küche. Modern, das heißt leicht und geschmacksintensiv soll sie sein, meint Hartmut Pfeiffer. Der Küchenchef liebt alles was schwimmt. In vielen Variationen. Seine Gäste auch. „Wir verkaufen zu gut 80 Prozent Fische und Meeresfrüchte." Lachs und Zander, Seeteufel, Languste und Hummerkrabben oder „Exoten" wie Papageienfisch oder Red Snapper. Die brät oder grillt H. P., zumeist in feinem Olivenöl, serviert dazu knackig gegarte Gemüse (wie Artischocken, Auberginen, Paprika...) und würzt mit vielen frischen Kräutern.

Sehr beliebt ist bei Hartmut Pfeiffer und seiner Frau Waltraud, die umsichtig den Service leitet, die aktuelle Tageskarte. Das Angebot steht auf einer großen Spiegel-Tafel. Als Vorspeise zum Beispiel eine Kartoffel-crèmesuppe mit Gemüse und Trüffeln oder ein Pfannkuchen gefüllt mit knackigen Gemüsen auf Rucolasoße. Als Hauptgerichte locken Kaninchenkeule gefüllt mit Olivensoße, Entenbrust auf Himbeeressig-Soße - oder natürlich Fisch. Zanderfilet mit Hechtmousse im Reisblatt, Dialog von Lachs und Hummerkrabben oder Seeteufel auf frischem Ingwer.

Der Küchenchef hat im City-Park-Hotel in Homburg gelernt und unter anderem in Frankfurt, Hamburg und zweieinhalb Jahre in den USA gearbeitet. Seit 1983 verwöhnt er jetzt schon seine Gäste in „Blackriver City", wie er den Homburger Stadtteil scherzhaft nennt. Apropos: Der Patron hat immer einen Witz oder flotten Spruch auf den Lippen - die vielen Stammgäste wissen das zu schätzen. Wenn es der quirlige Küchenchef überhaupt schafft, sich von seinem Herd loszueisen und die Kunden zu begrüßen. „Die Linde" war schon zu Zeiten von Pfeiffers Ur-Oma und seiner Eltern eine Gastwirtschaft. Heute kommen Feinschmecker aus vielen Teilen des Saarlandes und der Pfalz nach Schwarzenbach.

Im Sommer kann man auf der kleinen Terrasse hinterm Haus sitzen, und ab und zu gibt's in der Linde auch Live-Musik: Zum Beispiel einen Jazz-Brunch oder einen Flamenco-Abend...

Spargel im
Forellensoufflé-Mantel

Zutaten für vier Personen:

für den Spargel:

16 Stangen Spargel	in Salzwasser, Zucker und Butter kochen (er soll noch Biss haben). Eine Pfanne mit
1 EL Butter	ausbuttern,
2 Schalotten	hacken und zugeben, mit
1/4 l trockener Weißwein	aufgießen. Spargel nebeneinander anrichten.

für das Forellensoufflé:

200 g frisches Forellenfilet	im Mixer pürieren.
150 g geschlagene Sahne, 2 Eier	dazugeben, weiter pürieren. Mit
Salz, Pfeffer, Worchestersoße	und
Saft von 1 Zitrone	abschmecken.

Diese Masse auf den Spargeln glatt verteilen, dabei die Spargelspitzen etwa 3 cm freilassen.
Im Ofen 8-10 Minuten bei 140 Grad pochieren.

für die Sabayone :

3 Eigelb, 1 Ei, 100 g Zucker	
8 cl trockener Riesling	in eine Schlagschüssel geben.

Im Wasserbad aufschlagen, bis die Masse Volumen bekommt. Nach Belieben in Röllchen geschnittenen

Schnittlauch	zufügen.

für den Kartoffelschaum:

2 festkochende Kartoffeln

kochen, abkühlen lassen und durch ein Sieb pressen.
100 g Sahne

mit 2 TL Butter

aufkochen. Kartoffelmus dazugeben, mit Salz, Pfeffer, Muskatnuss

abschmecken.

In einen Spritzbeutel einfüllen.

Den Spargel im Forellensoufflé auf vorgewärmten Tellern
anrichten, mit der Sabayone übergießen und den
Kartoffelschaum dazuspritzen.

Getränkevorschlag:
Ein Chardonnay (Barriqueausbau)
vom Weingut Stenz in Landau-Mörsdorf.

Waldemar Schessler

Reha-Klinik Illingen

Reha-Klinik „St. Hedwig" Illingen
Krankenhausstraße 1
66557 Illingen
Tel.: 0 68 25/401-0

Die Küchen-"mann"schaft unter Leitung von Kurt Haas (rechts)
zaubert jeden Tag für Patienten, Mitarbeiter und für Gäste
mehrere Menüs.

Neben der Rotkrautsuppe von Harald Lorang aus der Reha-Klinik
Illingen hat uns auch die Lisdorfer Wirsingroulade seines Kollegen
Waldemar Schessler gut gefallen. Der Mann aus der ehemaligen
Sowjetunion kombiniert Wirsing, Lyoner und Spinat -
ein gelungenes Regionalgericht mit Pfiff.

Heimweh? Das kann sich Waldemar Schessler kaum leisten. Wenn er seine Eltern besuchen möchte, muss er 8000 Kilometer reisen. Der Koch stammt aus Kirgisien in der ehemaligen Sowjetunion, lebt in Völklingen und arbeitet in der Reha-Klinik in Illingen. Schessler (Jahrgang 1967) ist gelernter Lebensmittelkaufmann und hat in Illingen zum Koch umgeschult. In „St. Hedwig" fühlt er sich sehr wohl, lobt das gute Betriebsklima. „Meine Eltern leben noch in Kirgisien, doch die kann ich höchstens alle zwei, drei Jahre besuchen", erklärt er. Für sein Regionalgericht kombiniert er frischen Wirsing aus dem Lisdorfer Land mit „etwas ganz typisch Saarländischem, dem Lyoner". Als Pfiff kommen Pilze, Nüsse und Spinat dazu. In der Cafeteria der Reha-Klinik Illingen sind neben den Patienten und Mitarbeitern auch Gäste willkommen. Von 7.30-10 Uhr wird Frühstück serviert, von 11.30- 13 Uhr lädt die Küche von Kurt Haas und seinem Team zum Mittagessen: Zwei Menüs (jeweils mit Tagessuppe und Dessert) stehen zur Auswahl. Auch Salat und vegetarische Gerichte werden angeboten.

Lisdorfer Wirsingroulade
mit Pilzen, Nüssen und Lyonersoße

Zutaten für vier Personen:

für die Roulade:

Von

1 großen Kopf Wirsing   die äußeren Blätter entfernen, etwa 5 Minuten in reichlich sprudelnd kochendem Salzwasser blanchieren. Kalt
abschrecken und die Blätter vom Strunk lösen. Die
dicken Blattrippen der Wirsingblätter flach schneiden.

300 g frischen Spinat   waschen, in einem Topf bei mittlerer Hitze
zugedeckt zusammenfallen lassen, dann klein hacken.

250 g Champignons   putzen, in Scheiben schneiden und in

1 TL Butter   drei Minuten lang garen.

3 Scheiben Vollkorntoast   entrinden, klein würfeln.

25 g Walnusskerne   grob hacken.

für die Füllung:

1 Ei   verquirlen, mit Spinat, Pilzen, Brotwürfeln, Nüssen und

50 g Hochwälder Hartkäse   vermischen. Mit

Salz, weißem Pfeffer   und

2 Prisen Muskatnuss   abschmecken.

Füllung auf den Wirsingblättern verteilen, Blätter
einschlagen, aufrollen und mit Küchengarn zusammen-
binden.

Backofen auf 210 Grad (Heißluft: 190 Grad) vorheizen.

Eine Auflaufform mit
ausstreichen, die Wirsingrouladen auf beiden Seiten
anbraten und nebeneinander in die Form legen, mit
Butterflöckchen belegen und im Ofen etwa 20 Minuten
garen. Rouladen wenden und nochmals 20 Minuten
schmoren, ab und zu mit
begießen.

Butter

einer Tasse heisser Fleischbrühe

für die Lyonersoße:
in feine Streifen schneiden.
in
andünsten. Lyonerstreifen dazu geben und anbraten.
Mit etwas Brühe von den Rouladen ablöschen,
etwas einkochen und mit
verfeinern. Dazu passen Salzkartoffeln.

200 g Lyoner
50 g gewürfelte Schalotten
20 g Butter

Sahne, Salz, Pfeffer, Muskatnuss

Getränkevorschlag:
Ein Abtei-Bräu von der Mettlacher
Abtei Brauerei oder ein fruchtiger
Sizilianer: Planeta La Segreta
Bianco (Stella Saarlouis).

Café-Restaurant

Ralf Steuer und Oliver Keßler

Amadeus

Ganz schön was los hier. Café, Bistro und Restaurant, fast rund um die Uhr geöffnet, kein Ruhetag: Im „Amadeus" in Saarbrücken geht die Post ab. Seit 1993 besteht das gut besuchte Szene-Lokal in der Trierer Straße an der Saargalerie. Vom Frühstück bis zum Abendessen ist hier Treiben, 250 bis 300 Essen pro Tag.

Café-Restaurant Amadeus
Trierer Straße/Saargalerie
66111 Saarbrücken
Tel.: 06 81/4 21 24
Kein Ruhetag

Das Bier fließt aus goldenen Saxophonen...

An der Decke hängen ein Klavier und ein Kontrabass, das Licht über den Tischen kommt aus diversen anderen Instrumenten. Im Saarbrücker Café-Restaurant Amadeus ist Musik drin. Seit 1993 besteht das beliebte Szene-Lokal an der Saargalerie in der Trierer Straße, und „es geht richtig gut, der Laden ist abends immer brechend voll", erklären die beiden gleichberechtigten Küchenchefs Ralf Steuer und Uwe-Jens Jastram.

Von der typischen Bistro- bis zur klassischen Küche wird eine große Bandbreite geboten, zum Beispiel Verlorene Eier in Senfsoße mit Dampfkartoffeln, Erbseneintopf mit gebratener Geflügellyoner oder ein Schweinesteak mit Avocado und Käse überbacken in Champignonsahne. Salate, Nudelgerichte und Flammkuchen in verschiedenen Variationen gehören zum ständigen Repertoire, ein „Extra-Angebot" steht immer auf der Tafelkarte, die alle zwei, drei Tage wechselt. Im Amadeus kann man aber auch auf die gute alte klassische Art essen:

Chateaubriand für zwei Personen am Tisch serviert. Und sonntags von 9.30 bis 15 Uhr wird gebruncht. Das „Amadeus" hat fast rund um die Uhr geöffnet, sonntags bis donnerstags von 7.30 bis 3 Uhr, freitags und samstags gar bis 5 Uhr - ohne Ruhetag. Im Amadeus wird viel Wert auf die Ausbildung gelegt, von 18 Angestellten sind sechs oder sieben Auszubildende. Auch das Rezept für dieses Buch stammt von einem Azubi: Von Oliver Keßler (Jahrgang 1979) aus Saarbrücken-Scheid.

Ralf Steuer und
Uwe-Jens Jastram

Frittierte Mehlknepp
mit Hummersoße, Blattspinat
und Lachsstreifen

Zutaten für vier Personen:

für die Mehlknepp:

Aus

500 g Mehl, 5 Eiern, Salz, Pfeffer
etwas Muskatnuss

einen Teig herstellen. Den fertigen Teig mit einem Suppenlöffel ausstechen, in siedendes Wasser geben und zirka 4-5 Minuten ziehen lassen. Die fertigen Nokken in kaltes Wasser tauchen und abkühlen lassen. Danach auf Küchenkrepp abtropfen.

für die Hummersoße:

2 EL fein gehackte Schalotten	in
1 EL Butter	glasig anschwitzen,
etwas Cognac, 1 EL Hummerbutter	dazu geben, mit
1/4 l Sahne	ablöschen. Einkochen lassen, mit
Salz, weißem Pfeffer	
1 Prise Chilipulver	abschmecken.
500 g Blattspinat	mit
1 EL gehackten Schalotten	und
2 EL Butterschmalz	in einer Pfanne anschwitzen, mit
Salz, Pfeffer, Muskat	und nach Geschmack mit
feingehacktem Knoblauch	würzen.
200 g Lachs	in 12 gleiche Streifen schneiden und in
2 EL Olivenöl	auf beiden Seiten anbraten. Mit Salz und Pfeffer würzen.

für den Bierteig:

Aus 200 g Mehl, 1/4 l Bier, 1 Ei
einer Prise Salz und Pfeffer

einen geschmeidigen Teig herstellen.
Die fertigen Mehlknepp in dem Bierteig wenden und in
einer Fritteuse goldgelb ausbacken. Auf einen großen
Teller die Soße geben, drei Löffel Blattspinat darauf
verteilen, Mehlknepp und
Lachsstreifen (pro Teller drei Stück) sternförmig
anordnen.

Getränkevorschlag:
Ein fruchtiger Süditaliener: Falanghina von Taburno in
Benevento/Kampanien (La Vinerie Saarbrücken).

Restaurant Kunz

Restaurant Kunz
Kirchstraße 22
66606 St. Wendel-Bliesen
Tel.: 0 68 54/81 45
Ruhetage: Samstagmittag, Montag,
Dienstag

Hier wird genießen groß geschrieben. Im nördlichen Saarland, im St. Wendeler Stadtteil Bliesen, findet man eine der besten Adressen des kulinarisch reich gesegneten Saarlandes: das Restaurant Kunz. Alexander und Anke Kunz und ihr Team verwöhnen in ihrem Restaurant und in der Pilsstube Gäste aus dem ganzen Saarland und den angrenzenden Regionen. Hohe Auszeichnungen in internationalen Gastronomieführern sind verdienter Lohn für die großartigen und konstanten Leistungen in Küche und Service.

Alexander Kunz

Eine neue Generation von kreativen und erfolgreichen Köchen sorgt seit einigen Jahren für positive Überraschungen in der Spitzengastronomie. Einer von ihnen heißt Alexander Kunz (Jahrgang 1967), ist Küchenchef im Restaurant Kunz in Bliesen und Mitglied der „Jeunes Restaurateurs d´Europes", einer internationalen Vereinigung engagierter Jungköche mit vielfältigen Aktivitäten. Alexander Kunz hat in der Hostellerie Bacher in Neunkirchen gelernt und dann bei zwei deutschen Drei-Sterne-Köchen Erfahrungen gesammelt: bei Harald Wohlfahrt und Dieter Müller. Seit 1993 steht er am heimischen Herd des beliebten und erfolgreichen Familienbetriebes in Bliesen. Der ist ausgezeichnet - mit einem Michelin-Stern und 17 Punkten im „Gault-Millau".

Seit über 100 Jahren trägt das Haus in der Ortsmitte gegenüber der imposanten Sandsteinkirche „St. Remigius" den Namen Kunz. Aus der ursprünglichen Gaststätte haben Christa und Dieter Kunz das Restaurant aufgebaut, heute verwöhnen Anke und Alexander Kunz die Gäste.

Steinbutt auf Kartoffel-Olivenpüree und Trüffelsoße oder die Nantaiser Ente vom Grill mit glacierten Pfirsichen sind nur drei Beispiele aus dem großen Repertoire des einfallsreichen Küchenmeisters. Und eine Versuchung, der man kaum widerstehen kann, sind die feinen Menüs. Zum süßen Abschluss werden unter anderem zwei Dessertvariationen gereicht - wer wollte da nein sagen.

Anke Kunz leitet mit viel Umsicht den freundlichen, kompetenten Service und kümmert sich mit viel Engagement um die Weinkarte - das Angebot mit vielen deutschen Gewächsen ist großartig und mit Abstand eines der besten im Saarland.

Im eleganten Restaurant (20 Plätze), in warmen Gelb- und Aprikot-Tönen gehalten, und im großzügigen, lichtdurchfluteten Wintergarten (30 Plätze) gegenüber der Kirche wird eine moderne französische Feinschmeckerküche angeboten, leicht, aber geschmacksintensiv, mit hochwertigen Produkten, an der Jahreszeit und dem Marktangebot orientiert. Hummer auf Zitronengras gedämpft mit Kohlrabistreifen,

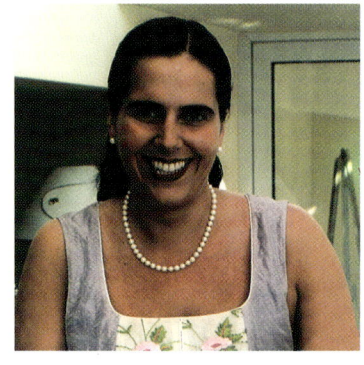

Anke Kunz

Lust auf gute Hausmannskost? In der „Pilsstube"
(20 Plätze) wird eine gehobene Regionalküche angeboten,
von Klassikern wie Rheinischer Sauerbraten, „Coq au Vin"
bis zu Norweger Lachssteak oder Paella mit Meeresfrüchten. Und wer in größerem Rahmen feiern möchte:
Im freundlichen Saal kann man Familienfestlichkeiten
oder Gala-Veranstaltungen buchen.

Rehrücken im

Hoorische-Mantel mit Apfel-Rotweinkompott

Zutaten für vier Personen:

400 g Rehrücken
Salz, weißem Pfeffer
Öl

für das Reh:
von Haut und Sehnen befreien, mit
würzen und in
von allen Seiten kurz anbraten; zur Seite stellen.
Ein Stück Alufolie von 40 mal 40 Zentimeter von einer
Seite gut einölen.

1 kg Kartoffeln (2/3 rohe und 1/3
am Vortag gekochte)

für den Hoorische-Mantel:

Rohe Kartoffeln reiben, auf ein Sieb geben und die Flüssigkeit mit einer Schüssel auffangen. In der Schüssel
setzt sich die Stärke ab, die man dem Teig später zugibt.
Die rohen geriebenen Kartoffeln in ein Küchentuch
einschlagen und mit den Händen kräftig auspressen.
Die gekochten Kartoffeln ebenfalls reiben. Die
ausgepressten rohen Kartoffeln und die geriebenen in
einer Schüssel gut durchmengen.

2 Eigelb, 2 TL Mondamin
etwas Muskatnuss

und die Kartoffelstärke aus der Schüssel zugeben und
alles gut durcharbeiten. Den Teig mit dem Nudelholz zu
einer rechteckigen Platte von 40 mal 40 cm fingerdick
ausrollen. Den zu einer Platte ausgerollten Hoorische-
Teig auf die Alufolie geben.

Den Rehrücken mit Küchentuch abtupfen und auf den Teig legen. Mit der Alufolie einrollen und die Enden gut zudrehen. Die Rolle mehrmals mit hitzebeständiger Folie einwickeln und die Enden ebenfalls fest zubinden. In kochendes Wasser geben und ca. 20 Minuten bei schwacher Hitze ziehen lassen - das Wasser sollte leicht köcheln.

für das Apfel-Rotweinkompott:
in einem schweren Topf karamelisieren und mit ablöschen.
und
geschält, geviertelt und vom Kerngehäuse befreit zugeben. In der Flüssigkeit weichkochen, mit dem Schaumlöffel herausnehmen und auf einen Teller geben.

80 g Zucker
1/2 l Portwein, 1/2 l Rotwein
1 Zimtstange
6 Äpfel (Granny Smith)

Die Flüssigkeit weiter einreduzieren lassen, bis sie leicht dickflüssig wird. Zimtstange herausnehmen, die redu-zierte Flüssigkeit mit den Äpfeln zusammen mixen oder durch die flotte Lotte passieren. In der heißen Pfanne, in der das Reh angebraten wurde, den Bratensatz mit

300 ml Portwein, 100 ml Rotwein
100 ml Brühe   ablöschen.
Etwas feingehackten Rosmarin   und
1 TL Johannisbeergelee   hinzufügen und alles zusammen zu 1/3 einkochen.
Mit dem Schneebesen
30 g kalte Butter   einrühren und mit
Pfeffer   nach Geschmack würzen.

Getränkevorschlag:
Dazu passt der im Barrique
ausgebaute Montepulciano D´Abruzzo „Santo Stefano"
von der Cantine Mucci in Torino di Sangro/Italien
(VIF Weinhandel Völklingen).

Restaurant

Schlossgarten

So manche schöne Blume blüht im Verborgenen. Auch in der Gastronomie gibt es sie noch, die seltenen Pflänzchen, die ganz im Stillen wachsen. Seit über 20 Jahren verwöhnen Ernst und Claudia Halbritter ihre Gäste in Saarbrücken - und noch immer ist der Schlossgarten ein Geheimtipp. Das einladende, elegante Restaurant in dem gut 100 Jahre alten Stengel-Haus an der Ecke Spichererberg-/Talstraße ist eines der schönsten im Saarland und die saisonorientierte Küche des Patron bietet von rustikal bis fein eine schöne kleine Auswahl.

Restaurant Schlossgarten
Spichererberg-/Ecke Talstraße
66119 Saarbrücken
Tel.: 06 81/5 19 85
Ruhetag: Sonntag und Montagabend

Ernst Halbritter
mit Ehefrau Claudia

Sie machen nicht viel Aufhebens um sich und ihre Arbeit. Ernst und Claudia Halbritter sind bescheiden geblieben. Sie bieten seit 24 Jahren im gleichen Haus köstliche Gaumenfreuden. Und so ist es nach wie vor noch ein Geheimtipp, das Restaurant Schlossgarten in Saarbrücken. An der Ecke Spichererberg-/ Talstraße (direkt hinter dem namensgebenden Garten des Saarbrücker Schlosses) weist nur ein dezenter Schriftzug darauf hin, dass man sich in dem über 100 Jahre alten Stengel-Haus bewirten lassen kann. Um so größer ist die Überraschung, wenn man das helle, freundlich-elegante Restaurant (45 Plätze) betritt. Holzvertäfelte Wände, schöner Putz, weiße Decke und sorgsam in festlichem Weiß eingedeckte Tische mit Kerzen und liebevoller Dekoration laden ein - in solcher Umgebung lässt sich trefflich genießen. Platz nimmt man auf klassischen Stühlen aus Buche und schwarzem Leder.

Zum allergrößten Teil haben das bisher treue Stammkunden getan.

„Die kommen schon ganz lange zu uns, und einige von ihnen sind richtige Freunde geworden", erklärt Claudia Halbritter, die sich liebevoll um den Service kümmert.

Die Küche von Ernst Halbritter, der aus dem Fränkischen stammt, bietet feine und stets frische Gerichte nach klassischem französischen Vorbild und nach regionalen Rezepten.

Vom leckeren Süppchen bis zum Kaninchenrücken mit Senfsaatsoße, von der Gänseleber-Variation bis zum Zanderfilet auf Lauch und von Blutwurst im Rösti bis zu geeisten Mirabellen mit Zwetschgen-kompott reicht das saisonorientierte Angebot. Alles mit viel Wert auf Eigengeschmack und mit klarer Linie zube-reitet und auf der handgeschriebenen Karte ansprechend präsentiert. Hier kommen Feinschmecker und Freunde deftiger, regionaler Gerichte auf ihre Kosten. Geschäftsleute oder andere eilige Gäste können sich mit-tags an einem leckeren Tagesgericht laben, auch da wer-den regionale Spezialitäten wie zum Beispiel Ochsenbrust mit Meerrettich, Leberknödel mit Kraut oder auch mal „Saure Bohnen" aufgetischt. Dazu trinkt man am besten ein frisches Pils aus der Saarbrücker Brauerei Bruch, ansonsten bietet Familie Halbritter eine schöne Wein-auswahl an.

Blutwurst im Rösti
mit gebratenen Waldpilzen

Zutaten für vier Personen:

4 große, nicht zu wässrige Kartoffeln	schälen und auf dem Gemüsehobel reiben, leicht ausdrücken und in einer Schüssel mit wenig
Salz	würzen. Die geriebenen Kartoffeln auf dem Handteller ausbreiten und eine dicke Scheibe von
1/2 Ring Blutwurst	ohne Haut einschlagen. In einer Pfanne mit
50 g Butterfett	von beiden Seiten goldbraun anbraten.
200 g frische Pilze nach Saison (Pfifferlinge, Steinpilze, Champignons)	schneiden und in einer zweiten Pfanne in
30 g Butter	leicht anbraten, dann
1 grüne Zucchini	
1 kleine gelbe Zucchini	in Scheiben schneiden und dazu geben. Mit
Salz und Pfeffer	würzen.

Die goldbraunen Rösti in die Mitte eines großen, flachen Tellers legen. Das Gemüse und die Pilze schön rundherum verteilen.

Getränkevorschlag:
Ein frisch gezapftes Saarbrücker Bruch-Pils oder ein saftiger Chardonnay von Louis Latour (Weinhandelsgesellschaft Burgard Saarbrücken-Güdingen).

Stichwort: Blutwurst

Ernst Halbritter schwört auf die Pfälzer Blutwurst vom Metzger Konrad in Saarbrücken („mit Abstand die Beste!"). Wir greifen auch gerne zu Hausmacher Blutwurst aus dem Saarland. Gibt's in jeder Metzgerei. Ganz prima schmeckt die vom Martinshof in Osterbrücken – gibt's auch im Martinshof Stadtladen in Saarbrücken. Von unseren französischen Nachbarn kommt eine extra dicke Blutwurst namens „Boudin".

Café Kanne

Bistro-Restaurant-Galerie
Café Kanne
Marienstraße 7-9
66538 Neunkirchen
Tel.: 0 68 21/2 22 11
Ruhetag: Sonntag

Hier feiern Kulinarisches und Kunst fröhliche Hochzeiten. Hier steht ein Koch aus Leidenschaft am Herd, der immer auch Künstler ist. Das sieht man - und das schmeckt man. Gerd Erdmanns kreative Gerichte sind kleine Kunstwerke, da lachen die Sinne, da freuen sich Augen, Nase und Zunge. Das Café Kanne in der Marienstraße in Neunkirchen ist Bistro, Restaurant und Galerie, hier stellen ständig im Wechsel Künstler der unterschiedlichsten Art ihre Werke aus.

Er ist Künstler und Koch. Oder umgekehrt. In beiden Metiers ist er mit Begeisterung zu Hause. Gerd Erdmann hat Steinbildhauer gelernt, er liebt Kunst und er hat sich das Kochen beigebracht. Wie gut Kunst und Kulinarisches zusammen passen, das kann man täglich außer sonntags im Café Kanne in der Neunkircher Marienstraße erleben. Gerd Erdmann und Gabi Moro führen hier seit 1994 ihr beliebtes Lokal.

Die „Kanne" ist Bistro, Restaurant und Galerie. Hier bekommt man ein gepflegtes Pils, ausgesuchte Weine, kann Erdmanns kreative Küche genießen (im Bistro oder im Restaurant) und immer wieder neue Kunstwerke kennenlernen. Wechselnde Ausstellungen, inzwischen über 80 mit zum Teil hochkarätigen Künstlern, dazu Dichterlesungen und Jazz-Veranstaltungen machen das Café Kanne zu einem beliebten Treffpunkt.

D er hohe, großzügige Raum mit der zentralen Theke atmet südländisches Flair. Decke und Wände sind in warmem Gelb gestrichen, eine elegante blaue Stuck-Bordüre lockert auf, der rote Fliesenboden liefert dazu einen reizvollen Kontrast. Blickfang ist ein mächtiger alter Spiegel an der großen Seitenwand. Gemütlich-elegant ist der ruhige Nebenraum zum Dinieren eingerichtet. So großzügig und in solchen Farben sind die Herrenhäuser in der Provence gehalten. Doch das Kleinod Café Kanne findet man im Schatten der mächtigen Marienkirche in Neunkirchen, ein paar Schritte vom Bürgerhaus entfernt. Zuvor verwöhnten Gerd und Gabi ihre Gäste drei Jahre am Milchhof - daher auch der Name ihres gefragten Lokals.

Erdmanns ideenreiche Bistroküche mit mediterraner Note begeistert viele Gäste, auch von außerhalb. Neben der Standardkarte mit feinen Salaten, leckeren Nudel-Variationen und stets frischen Gerichten mit Fischen und Meeresfrüchten bieten die Mallorca-Fans Gerd und Gabi noch ein oder zwei

Tagesgerichte an. „Ein bisschen was Exotisches, Ausge-
fallenes", meint Erdmann, der sich immer wieder Neues
einfallen lässt, wie zum Beispiel den „Knaller Waller" oder
den „Höllerich im Sack", das ist Lyoner im knusprigen
Pizzateig, mit Tomaten, Pilzen, Käse und leckerem Kräuterquark.

Der **Höllerich**
im Sack

Zutaten für vier Personen:

1 Ring Lyoner von zirka 500 Gramm	in 20 dicke Scheiben schneiden.
4 Strauchtomaten	in Scheiben schneiden (Endstücke nicht verwenden) und leicht salzen,
4 große frische Champignons	in dünne Scheiben schneiden,
3-4 Zehen Knoblauch,	
1/4 Bund Petersilie	hacken.
Pizzateig (für vier Personen)	in vier Teile schneiden. Diese noch einmal falten, um die Mitte zu ermitteln. Nun ab der Mitte mit jeweils 5 Scheiben Lyoner den unteren Teil belegen; darauf kommen die Tomaten, die werden mit etwas Knoblauch bestreut, dann folgen die Champignons und zuletzt
4 dicke Scheiben Allgäuer Emmentaler	

Alles zusammenfalten und die Seiten fest zusammendrücken, richtig gut „verkleben".
Das offene Ende zusammendrehen, dass es wie ein kleiner, gefüllter Sack aussieht.
Backofen auf 250 Grad (Heißluft: 220 Grad) vorheizen.
Die „Hölleriche" auf einem leicht gefetteten Blech in den Ofen geben und zirka 15-20 Minuten goldbraun backen.

1 Schüssel selbstgemachter (oder
1 großer Becher) Kräuterquark
und vier schöne Stiele Petersilie

Auf einem großen Teller mit jeweils einem guten Schlag
Kräuterquark und der Petersilie darauf sofort servieren.
Falls vorhanden, mit einer Blüte Kapuzinerkresse
verzieren.

Getränkevorschlag:
Der fruchtige Rosé Chateau de Beaupré, Coteaux d´Aix-
en-Provence/Frankreich (G. Stingl Neunkirchen).

Hostellerie
Bacher

*Im Saarland ist sie eine Legende -
höchst lebendig, wie immer
ehrgeizig und kreativ.
Die Feinschmecker-Küche ist ihr
Leben: Margarethe Bacher aus
Neunkirchen zählt zu den Besten
ihres Fachs in ganz Deutschland.
Zusammen mit ihrem stellver-
tretenden Küchenleiter Hermann
Wögerbauer und ihrem Team
begeistert die Sterne-Köchin
Feinschmecker von nah und fern.*

Hostellerie Bacher
Limbacher Straße 2
66539 Neunkirchen-Kohlhof
Tel.: 0 68 21/3 13 14
Ruhetage: Sonntag und Montag

S ie liegt idyllisch und ruhig am Stadtrand, nur ein paar Fahr-Minuten von der Autobahn, und lädt zu kulinarischen Genüssen feinster Art: die Hostellerie Bacher in Neunkirchen-Kohlhof. In ihrer großzügig-eleganten Landhaus-Villa mit schöner Terrasse laden Küchenchefin Margarethe Bacher und ihr Team Feinschmecker zum Besuch. In geschmackvoll eingerichteten Räumen finden 54 Gäste Platz, Gesellschaften bis 38 Personen sind stets willkommen.

Die vielfach ausgezeichnete Küchenchefin pflegt eine leichte, moderne Küche mit französischem Einschlag. Sie verwendet gerne regionale Produkte, die sie raffiniert verfeinert. So hat sie ein eigenes Profil entwickelt. Seit 1979 leuchtet ein Stern des renommierten Michelin-Führers über der Hostellerie Bacher, dazu kommen hohe Bewertungen in allen anderen Restaurantführern. Margarethe Bacher errang eine Goldmedaille bei der „Olympiade der Köche" und leistet seit vielen Jahren eine vorbildliche und erfolgreiche Ausbildungsarbeit. Aus ihrem Hause kommen immer wieder ausgezeichnete junge Leute, die in der Küche oder im Service Titel holen - bis zum Weltmeister. Vom Verband der Köche wurde die engagierte Küchenmeisterin für ihr Lebenswerk geehrt.

„Man nimmt zwar viel Stress auf sich, aber es macht mir Spaß und Freude, junge Leute auszubilden", meint Margarethe Bacher.

Täglich vier bis fünf Menüs lassen in der Hostellerie Bacher keine Feinschmecker-Wünsche offen.

Mit hausgemachten Pasteten und Terrinen, knackig-frischen Salaten, herrlich reduzierten und abgeschmeckten Soßen, edlen Fischgerichten und phantasievollen Fleisch-Kreationen auf gleichbleibend hohem Niveau verwöhnt Margarethe Bacher ihre Gäste. Der aufmerksame Service unter der Leitung von Hermann Kopp macht den Gästen den Aufenthalt in der Hostellerie so angenehm wie möglich. Vom Business- bis zum Feinschmecker-Menü findet hier jeder das Passende, vom eiligen Geschäftsmann am Mittag bis zum Gast mit mehr Zeit am Abend. Mit stets frischen, hochwertigen Grundprodukten, viel Kreativität und Liebe zur Sache überrascht Margarethe Bacher ihre Gäste immer wieder auf's Neue. Wer einmal Köstlichkeiten wie ihre Hummersamtsuppe mit Quarkklößchen oder das Austernparfait in Safrangelee, das Filet vom Knurrhahn mit Wachsbohnen, den Lammrücken mit Senfkruste oder das Fasanenbrüstchen mit Wacholdersoße probiert hat, der weiß, warum die Neunkircherin seit vielen Jahren zu den besten ihres Fachs in Deutschland gehört. Inzwischen wurde Neunkirchens erste gastronomische Adresse erweitert: Margarethe Bacher ergänzte ihre Hostellerie um ein Gästehaus mit zwölf Zimmern, Konferenzraum und großzügigem Wintergarten. Das attraktive Gebäude ist mit Walmdach und Sprossenfenstern der Hostellerie angepasst, die beiden Gebäude bilden eine harmonische Einheit.

Kartoffelklöße mit
Pfifferlingen und Kirschsoße

Zutaten für sechs Personen:

für die Kartoffelklöße:
in Salzwasser kochen, gut ausdämpfen lassen, passieren,
noch heiß mit
verarbeiten, kalt stellen.

1 kg Kartoffeln

20 g Butter

für die Füllung:
in
andünsten,

dazu geben, mit
würzen. Auf einem Sieb abtropfen lassen.
Die Masse in eine Schüssel geben, mit
vermengen, zur Seite stellen.
in eine Schüssel streuen,
ganz fein dazu reiben, mit der Hefe vermengen, damit die
Kartoffeln weiß bleiben. In einem Küchentuch ausdrücken
(die Kartoffeln müssen gut trocken sein) und zu der
gekochten Kartoffelmasse hinzufügen.

60 g gehackte Zwiebeln
40 g Butter
4 EL geschnittene Frühlingszwiebeln
180 g Pfifferlinge
Salz, Pfeffer aus der Mühle

2 Eiern, 3 EL gehackter Petersilie
1 Prise Trockenhefe
800 g rohe Kartoffeln

6 EL geröstete Brotwürfel
4 EL Grieß, 20 g Butter, 4 Eigelb
100 g gedünstete Lauchstreifen
Salz, Muskat, Pfeffer

dazu geben, zu einem glatten Teig verarbeiten - ergibt
zirka 18 Klöße. Mit der Pfifferlingsmasse füllen, in kochendem Salzwasser zirka 15 Minuten garen.

für die Kirschen:

1/4 l Rotwein, 4 cl Portwein
50 g Zucker, 1 EL Honig
4 Nelken, 1 Zimtstange   in einen Topf geben, ein Drittel einkochen lassen, mit
10 g Stärkemehl   abbinden, abseihen, nochmals aufkochen.

zirka 50 entsteinte Kirschen   hinzufügen und eine Minute kochen lassen. Die Kirschen
auf ein Sieb geben, zur Seite stellen.

für die Soße:	50 g Zwiebelwürfel
in	30 g Butter
andünsten,	1 geriebene Zehe Knoblauch
und	gestoßenen Pfeffer
dazu geben, mit	4 cl Weinbrand
flambieren, mit	1/4 l Geflügeljus
und dem	Kirschensaft
auffüllen, etwa 5 Minuten langsam kochen lassen, mit	20 g kalten Butterwürfeln
aufrühren.	

Vor dem Servieren die Kirschen dazu geben, nochmals kurz erhitzen. Die fertigen Klöße auf vorgewärmte Teller legen, die Kirschen rundum verteilen, mit der Soße begießen. Nach Belieben mit Petersilie garnieren.

Dazu reicht Margarethe Bacher in Butter und Zucker gedünstetes und mit Weißwein und Rahm verfeinertes Zwiebelgemüse.

Getränkevorschlag:
Der fruchtige Chateau De Roquefort, Cotes de Provence, von Raimond de Villeneuve Flayosc (Weinhandelsgesellschaft Burgard, Saarbrücken-Güdingen).

Sengscheider Hof

Sengscheider Hof
Zum Ensheimer Gelösch 30
66386 St. Ingbert
Tel.: 0 68 94/98 20
Ruhetage: Mittwochmittag und Samstag

*Vom Wirtshaus zum modernen Hotel-Restaurant. Seit rund 80 Jahren
ist das Anwesen fest in Familienhand. Zur Waldeslust hieß es früher.
Die Leute in und um St. Ingbert aber sagten: „Wir gehen zu
Petermanns." Und später: „Mir esse bei Toussaints." Das kann man
auch heute. Und zwar richtig gut. Axel Toussaint hat aus der
Waldeslust den Sengscheider Hof gemacht, ein Hotel und Restaurant,
das weit über die Landesgrenzen einen guten Namen hat.*

G anz schön mutig.
Axel Toussaint hat die Zeichen der Zeit
erkannt. Was die Großmutter Franziska
Petermann 1919 in Sengscheid begann und die Eltern
Aline und Rudi Toussaint von ihr übernommen hatten,
das führt der Sohn heute fort. Auf dem 4500 Quadratmeter großen Grundstück hat der Inhaber und Küchenchef neben dem bestehenden Haupthaus mit 16 Zimmern und dem eleganten Gourmet-Restaurant ein neues
Gästehaus gebaut. Das beherbergt 36 Zimmer, einen
Wellness-Bereich mit Sauna, Dampfbad und Sonnenbank,
eine großzügige Cocktail- und Weinbar sowie die
Franziska-Stube - in Gedenken an die Großmutter, die
1999 verstarb. Außerdem lockt im Sommer der Garten
mit einem lauschigen Plätzchen unter einer uralten Linde
(gut 150 Jahre) und alten Kastanienbäumen. Und wenn's
richtig heiß ist, kann man sich im Schwimmbad im schön
angelegten Garten abkühlen.
Das Ganze liegt im St. Ingberter Stadtteil Sengscheid,
unweit der Autobahn, aber doch abgeschieden und sehr
ruhig.

bietet er den Gästen eine moderne französische Küche mit italienisch-mediterranem Einfluss. Edle Fische und Meerestiere, ausgesuchtes Fleisch, delikate Desserts - Toussaints Küche spricht den anspruchsvollen Feinschmecker an. Klassiker wie Lammcarée in der Kräuterkruste oder Lotte in Knoblauch sind gefragt, und Toussaint und sein Team bieten immer wieder spannende saisonorientierte Gerichte und Menüs an. Geschäftsführer Andreas Dänekamp und der kompetente Service im Sengscheider Hof lassen keine Wünsche offen, und die Weinkarte ist mit viel Kenntnis und Liebe zur Sache zusammengestellt. Im Bistro stehen mehr rustikale Gerichte auf der Karte. Da gibt's mal was Regionales wie Gulasch oder Sauerkraut oder auch was Italienisches: feine Pasta oder ein Saltimbocca. Und als Regionalgericht mit Pfiff hat sich Axel Toussaint einen saarländischen Klassiker vorgenommen, den Dibbelabbes, den er mit Wild und Obst ergänzt - ein pfiffiges Rezept.

Axel Toussaint (Jahrgang 1960) hat unter anderem bei Drei-Sterne-Koch Harald Wohlfahrt in Baiersbronn und im Restaurant Strecker auf der Insel Sylt gearbeitet. In seinem großzügigen Gourmet-Restaurant und im Wintergarten (ideal für Gesellschaften, ob geschäftlich oder privat)

Dibbelabbes

mit Wildschwein
und Pflaumen

Zutaten für 6 Personen:

	6 Wildschweinmedaillons
mit	Wacholderbeeren, Thymian, Nelken
	Lorbeer
etwa drei Tage in	1/2 l Buttermilch
einlegen.	

für die Soße:	zirka 600 g Wildschweinflechsen
	und -knochen
stark anrösten,	200 g Gemüse (Petersilienwurzel,
	Karotten, Sellerie, Lauch, Zwiebeln
	und Gewürze nach Geschmack)

klein schneiden, dazugeben und anbraten.

Getränkevorschlag:
Rasteau Villages von der Domaine
La Soumade, Cotes du Rhone
(Feine Weine Gansert, Saarbrücken).

94

1 EL Tomatenpüree	dazugeben und weiter rösten, mit
1/4 l Rotwein, 3/4 l braunem Grundfond (oder Brühe)	ablöschen. Aufkochen und drei Stunden bei kleiner Hitze ziehen lassen.
	In die Soße
Wacholderbeeren, Nelken, Sternanis	und
Haselnüsse	geben. Nochmals 30 Minuten köcheln lassen.
	Abpassieren und mit
2 cl Pflaumenschnaps, Salz, Pfeffer	abschmecken.

für die Pflaumen:

1/4 l Rotwein	mit
Zucker, Zimtstangen, Nelken	und
Sternanis	aufkochen und leicht einreduzieren.
Pflaumenschnaps	und
24 frische, entkernte, feste Pflaumen	dazu geben, aufkochen und 20 Minuten stehen lassen.

für den Dibbelabbes:

150 g Bauchspeck	anbraten und auslassen,
6 große Kartoffeln	reiben,
100 g Zwiebeln	kleinhacken und glasig dünsten, mit
Salz, Pfeffer aus der Mühle	und eventuell mit
Muskatnuss	würzen,
2 Eier	dazu geben und alles durchmengen. Reichlich
Öl	in eine Gusspfanne geben, die Masse dazu geben und kleine Vertiefungen eindrücken. 40 Minuten im vorgeheizten Backofen (200 Grad) goldgelb backen.

Restaurant Luise
in Angel´s Hotel

Café-Restaurant Luise in Angel´s Hotel
Am Fruchtmarkt 5-9
66606 St. Wendel
Tel.: 0 68 51/99 90 00
Kein Ruhetag

Ein altes Haus im neuen Gewand. Eine mutige Entscheidung. Eine weitere attraktive Adresse in der saarländischen Gastro-Szene. Angel´s Hotel mit dem Café-Restaurant Luise im Herzen von St. Wendel ist ein noch junger Betrieb, der schnell viele Freunde gewonnen hat. Tagungen, Bankette, Hochzeiten, Jubiläen oder einfach nur die Seele baumeln lassen - „wir haben hier alle Möglichkeiten", erklärt Geschäftsführerin Manuela Angel.

Luise - dieser Name hat in St. Wendel einen besonderen Klang.

"Ich fühle mich recht glücklich hier...", schrieb Luise, Herzogin von Sachsen Coburg-Saalfeld, kurze Zeit nachdem sie aus dem bayrischen Städtchen Coburg nach St. Wendel übergesiedelt war, an ihre Freundin Else Kummer. Das war 1824. Luise, mit 24 Jahren eine noch sehr junge Frau, hatte sich gegen die Bevormundung ihres Ehegatten aufgelehnt und von ihm getrennt. In St. Wendel fand sie ein neues Glück, heiratete erneut und wurde von den St. Wendeler Bürgerinnen und Bürgern sehr verehrt. Nicht nur weil ein wenig höfischer Glanz auf St. Wendel fiel, sondern auch weil Luise ein Herz für die Armen hatte und Familien half, die in Not geraten waren. Das alles kann man in der Speise- und Getränkekarte des Café-Restaurants Luise in Angel's Hotel nachlesen. Das stolze Anwesen liegt inmitten der malerischen Altstadt, im Schatten des Doms. In den ehemals denkmalgeschützten Wohnhäusern der Barockzeit am Fruchtmarkt hat Familie Angel einige Millionen investiert und ein modernes Stadt-Hotel mit breitem gastronomischen Angebot geschaffen.

55 Zimmer und 80 bis 100 Sitzplätze in Restaurant, Bistro, Cocktail-Bar und Wintergarten - da kann man genießen und feiern. Eine echte Bereicherung für die Stadt - und die Region. „Der Urgroßvater meines Schwiegervaters, Wilhelm Angel, hatte hier ein Malergeschäft", erzählt Manuela Angel. Der Namenszug „W. Angel" ist heute im Boden des Restaurants Luise (an der Tür zur Terrasse) zu sehen.

Rainer Starck

Überhaupt: Die Verbindung von Tradition und Moderne wirkt sehr gelungen, die Holztreppe zur Cocktail-Bar zum Beispiel stamme aus alten Deckenbalken, so Manuela Angel. Im Restaurant Luise kontrastieren dunkle Holzdielen, Sandstein, gelber Zementputz und moderne Elemente. Sowohl das Restaurant mit den Fenstern bis auf den Boden, den dunkelroten Bänken und dem Riesenspiegel an der Längswand, wie auch das Café-Bistro mit der großen Theke und die Cocktail-Bar sind im französischen Bistro-Stil gehalten.

Man will eine breite Klientel ansprechen, „bei uns geht´s leger und nicht so steif zu", erklärt Rainer Starck, als „F&B-Manager" für Küche, Restaurant und Bankette zuständig. Der erfahrene Küchenmeister und Restaurantfachmann schätzt die „vielen Möglichkeiten und Kombinationen, die wir unseren Gästen hier anbieten können." Vom Frühstück über die preiswerte Mittagskarte bis zum feinen Abendessen, von Spaghetti

Bolognese bis zum Fünf-Gang-Menü, vom Flammkuchen bis zum Chateaubriand, vom Krabben-Cocktail bis zur Dorade rosé reicht das Angebot.

Küchenchef im Luise ist Carsten Willms, der frühere Sous-Chef von Rainer Starck. Willms hat unter anderem zwei Jahre auf Fuerteventura und drei Jahre auf Sylt Erfahrungen gesammelt.
Der agile Küchenmeister pflegt eine moderne Saisonküche, bietet von der Tages- bis zur Standardkarte sowie der speziellen Empfehlung auf der Schiefer-Tafel internationale und traditionelle Gerichte an, bis hin zu Spezialitäten für Feinschmecker. Vom Lyoner mit Landbrot bis zum Dutzend gratinierter Austern, vom Gemüseteller der Saison bis zum Zander auf der Haut gebraten mit Safran-Rieslingsahne reicht das Angebot. Und zum süßen Abschluss darf's vielleicht ein Amarettoparfait mit Portweinsoße und eingelegten Pflaumen sein...

Gefüllte mit Zander und Lachsforelle auf Mangoldgemüse

Zutaten für vier Personen:

500 g rohe Kartoffeln
500 g in der Schale gekochte
Kartoffeln vom Vortag
2 Eier, Salz, Pfeffer, frische Kräuter
(Dill, Petersilie, Schnittlauch).

200 g Zanderfilet
200 g Lachsforellenfilet

3 EL Olivenöl
1 Schalotte
1 eingeweichten Brötchen
1 Ei

reiben und fest ausdrücken.

pellen und durch den Fleischwolf drehen.

zugeben.

jeweils grob hacken
und in
kurz anbraten.
fein würfeln, zugeben und glasig dünsten. Dann mit
und
gut vermengen und in die Kartoffelmasse füllen.

Die Gefüllte in einem großen Topf mit reichlich Salzwasser zirka 20 Minuten ziehen lassen.

500 g Mangold waschen und die Stiele in feine Streifen schneiden.

In einem Topf die Stiele in

1/2 l Sahne geben und weich kochen, im letzten Moment das Grüne
vom Mangold in gleichgroße Streifen darunter mischen.
Mangold mit einer Schöpfkelle rausnehmen, die Sahne
um die Hälfte einkochen, mit

etwas trockenem Weißwein
1 EL Meerrettich, Salz, Pfeffer und
Muskatnuss abschmecken.

Das Mangoldgemüse in die Mitte eines vorgewärmten
Tellers geben, einen oder zwei Klöße darauf setzen und
die Soße angießen.
Nach Geschmack ausgelassene Speckstreifen darüber
geben.

Getränkevorschlag:
Ein Weißer Burgunder (Gutsabfüllung) vom Weingut
Schmitt-Weber in Perl.

Restaurant Schlemmerie

im Hotel **Mercure**

Hotel Mercure Kongress
Saarbrücken
Hafenstraße 8
66111 Saarbrücken
Tel.: 06 81/38 90-0
Kein Ruhetag

*Ein Luxushotel braucht heutzutage ein gutes Restaurant.
In anderen Großstädten geht der Trend dahin, dass sich große
Nobel-Hotels Sterne-Köche leisten und in der Spitzengastrono-
mie mitmischen. Auch das Hotel Mercure Kongress Saarbrücken
legt Wert auf eine gute Küche und ein gemütliches Ambiente.
Markus Schwed leitet seit 1997 die Küche im Restaurant
„Schlemmerie" im Mercure.*

Markus Schwed

Den anspruchsvollen Hotelgast zufriedenstellen und den Restaurantbesucher mit einem interessanten Angebot ins Haus locken und verwöhnen - vor dieser schwierigen Aufgabe steht das Hotel Mercure Kongress in Saarbrücken.

Für Küchenchef Markus Schwed bedeutet dies jeden Tag aufs neue eine Herausforderung. Der Koch (Jahrgang 1965) stammt aus Körprich und hat im Gästehaus der Dillinger Hütte gelernt. Danach hat er im Schwarzwald und in der Schweiz Erfahrung gesammelt.

Im Mercure (145 komfortable Zimmer und fünf Suiten) arbeitet er unter anderem mit dem Martinshof (Osterbrücken) zusammen, benutzt gerne die hochwertigen Bio-Produkte, mit denen er gesundheitsbewusste und geschmacksintensive Gerichte zubereitet.

Das Restaurant „Schlemmerie" bietet ein breites Angebot, vom Tagesessen über A-la-carte-Gerichte bis zu großen Buffets für Gesellschaften.

Schwed mag „eine gradlinige Küche, ohne Firlefanz und Schnörkel". Und er kocht gerne auf klassische Art. Das heißt bei ihm: Nicht nur Filets braten, sondern Fleisch und Fisch im Ganzen zubereiten, Spanferkel, Truthahn, Kalbshaxe oder Hasenrücken zum Beispiel. Den Trend zu immer mehr Fertigprodukten mache er nicht mit, betont Schwed. „Wir bilden auch aus, da hat man eine besondere Verantwortung. Bei uns kommt fast alles aus eigener Herstellung." Neueste Errungenschaft: ein eigener Kräutergarten auf der Dachterrasse. Hier erntet das Mercure-Küchenteam frische Gewürze und Blüten hoch über der Landeshauptstadt.

Überhaupt: Die Mercure-Küche arbeitet stark saisonorientiert und bietet auch in jedem Monat etwas Spezielles an - marktfrisch auf den Tisch, so lautet die Devise. Damit möchte man nicht nur die Hotelgäste, sondern darüber hinaus eine breite Kundschaft ansprechen. Zum Beispiel mit dem beliebten Sonntagsbrunch für die ganze Familie (jeden Sonntag von 12-15 Uhr), und immer mit wechselnden Themen.

Gefüllte mit Entenleber
Pfifferlingen und
Kürbis-Sauerkraut

Für vier Personen:

	für den Knödelteig:
500 g gekochte Kartoffeln	durch eine Presse drücken.
600 g rohe geschälte Kartoffeln	fein reiben. Rohe Kartoffeln ausdrücken, mit
2 Eiern, 1 EL Kartoffelstärke	und den gekochten Kartoffeln, sowie mit
Salz, Pfeffer, Muskatnuss	mischen.

für die Füllung:

200 g Entenleber, 200 g Pfifferlinge	in kleine Würfel schneiden.
2 Schalotten, 1 Knoblauchzehe	feingehackt in
1 EL Olivenöl	anschwitzen, die Entenleber sowie die Pfifferlinge zugeben und kurz mit anziehen, mit
1 TL Mehl	bestäuben und
100 g Sahne	zugeben. Einmal aufkochen lassen,
1 TL gehackten Majoran	dazugeben, mit
Salz, Pfeffer	abschmecken und kühl stellen.

Knödelteig in acht Portionen teilen, Klöße formen, in die Mitte eine Mulde drücken, die Entenleberfüllung hineingeben und die Klöße fertig drehen. Einen großen Topf mit Salzwasser aufstellen, kochen lassen, die Knödel hineingeben und zirka 15 Minuten leicht sieden lassen.

für das Kürbis-Sauerkraut:

400 g frisches Sauerkraut	abwaschen und auf ein Sieb geben.

in dünne Streifen schneiden und mit anschwitzen. Sauerkraut zugeben, mit auffüllen, und mit

1 Zwiebel
1 EL Gänse- oder Entenschmalz, etwas Brühe
Salz, Pfeffer, 1/2 TL Senfkörner und etwas Ingwer

abschmecken. Zirka 20 Minuten köcheln lassen. in dünne Streifen schneiden, beifügen und nochmals fünf Minuten ziehen lassen. Schließlich hinzufügen und abschmecken.

400 g rohen Kürbis

2 EL Himbeeressig, 2 EL Honig

für die Viezsoße:
schälen und mit dem Parisienne-Ausstecher Kugeln ausstechen. Eine von in einen Topf geben, die Apfelkugeln kurz andünsten, mit auffüllen und einmal aufkochen lassen. Die Apfelkugeln herausnehmen und die Flüssigkeit um die Hälfte einreduzieren, dann zugeben, aufkochen lassen und mit der restlichen Butter aufschlagen. Zum Schluss die Apfelkugeln wieder dazugeben.

1 säuerlichen Apfel

2 Butterflocken
0,3 l Viez

0,2 l braune Geflügelsoße

Getränkevorschlag:
Der spritzige Riesling trocken vom Weingut Willy Hartmann in Perl.

Restaurant
Seimetz

Ein gefragter Mann. Frank Seimetz wagt einen schwierigen Spagat. Der Küchenchef bietet seit 1991 im Gourmet-Restaurant Seimetz in Großrosseln eine neue deutsche und euro-asiatische Küche für Feinschmecker an. Und seit 1998 ist er auch in Saarbrücken präsent, führt das gut angenommene Gourmet-Bistro Seimetz im Domicil Leidinger in der Mainzer Straße.

Restaurant Seimetz
Ludweilerstraße 34
66352 Großrosseln
Tel.: 0 68 98/46 12
Ruhetage: Samstagmittag und
Montag

Gourmet-Bistro Seimetz
Mainzer Straße 10-12
Saarbrücken
Tel.: 06 81/9 38 88 93
Ruhetage: Sonntag und
Montagmittag

Frank Seimetz

E r tanzt auf zwei Hochzeiten. Pendelt zwischen dem Warndt und der Landeshauptstadt hin und her. Morgens kauft er ein, organisiert und bereitet vor. Kümmert sich um das Gourmet-Bistro Seimetz im Domicil Leidinger in Saarbrücken. Und führt die Küche im Restaurant Seimetz in Großrosseln. Letzteres ist Familienbesitz, dort pflegt der Küchenchef (Jahrgang 1970) seine „neue deutsche und euro-asiatische Küche" für Feinschmecker. Seimetz hat unter anderem im renommierten Romantik Hotel Waldhorn in Ravensburg Erfahrung gesammelt. Dort wirkt mit Albert Bouley ein Sterne-Koch und Freund asiatischer Küche - von ihm hat Seimetz Know How und viele Anregungen mitgebracht.

Vom kleinen Drei- bis zum exklusiven Sieben-Gang-Menü sowie mit originellen A-la-carte-Gerichten werden die Gäste in Großrosseln verwöhnt. Von der Hochzeit im kleinen Kreis bis zum Familienfest bis zu 100 Personen reicht das Angebot. Klassisch-elegant die Einrichtung, originell und auf

hohem Niveau die Gerichte. Zum Beispiel Hummer auf Auberginenmousse mit Kalbshaxen-Ravioli, Filet vom Wolfsbarsch in Oliven-Balsamico-Soße, Tranchen vom Kalbsfilet mit Wok-Gemüse im Reisblatt und asiatischen Eiernudeln oder Rehbock in Süßholz-Kirschsoße und Kartoffelklößen...

Klassisch-elegant die Einrichtung,
originell und auf hohem Niveau die Gerichte.

utter Helmi Seimetz, gelernte Köchin und
seit 28 Jahren im Beruf, führt seit fünf
Jahren den Service. Weinfreunde finden hier
immer einen guten Tropfen, die Karte ist mit viel Sachverstand zusammengestellt.

In Saarbrücken warten Seimetz und sein Team mit einer
Euro-Asiatischen Bistroküche auf. Das Sushi-Angebot
hat toll eingeschlagen, „das kommt super an", erklärt der
Küchenchef. Auch das „Menu du Village" und die tages-
frischen Angebote werden gut angenommen. Modern-
legere Bistro-Einrichtung, ideen- und abwechslungsreiche Speisen - das Gourmet-Bistro Seimetz im Domicil
Leidinger ist zu einer gefragten Adresse geworden.

Frank Seimetz hat sich für ein Fischgericht entschieden:
Heißgeräucherter Waller mit Viezsoße. Neben der Forelle
und vor allem dem Zander ist auch der Waller ein hoch-
wertiger regionaler Süßwasserfisch. „Er ist herzhaft und
hat eine feste Fleischstruktur, den kann man vielseitig
in der Küche verwenden."

Der Waller sei nicht so bekannt wie andere Süßwasser-
fische, „doch im nahen Lothringen gibt es eine große
Wallerzucht", so Seimetz, und auch im saarländischen
Großhandel bekomme man diese Spezialität.

Heißgeräucherter
Waller auf Lauch mit Viezsoße

Getränkevorschlag:
Grauer Burgunder Spätlese
trocken vom Weingut Ollinger-
Geltz in Perl-Sehndorf.

Zutaten für vier Personen:

800 g Wallerfilet mit Haut
1 Lorbeerblatt, 100 g Räuchermehl
drei Wacholderbeeren

für den Fisch:
portionieren,

auf den Boden eines Topfes mit passendem
Siebeinsatz geben. Topf bei großer Hitze erwärmen, bis
Rauch aufsteigt. Fischfilets mit der Haut nach oben auf das
Sieb legen (auf das man zuvor ein geöltes Stück Alufolie
gelegt hat). Siebeinsatz in den Topf stellen und mit einem
Deckel verschließen, Hitze reduzieren und so zirka acht bis
zehn Minuten und je nach Dicke des Fleisches bei kleiner
Hitze garen. Herd abstellen, kurz ruhen lassen. Pfanne
aufstellen und etwas Öl hineingeben.
Waller mit einem Wender von dem Gitter nehmen und mit
der Hautseite in die Pfanne legen.

50 g Butter, ein Thymianzweig
Salz, weißem Pfeffer, wenig Zucker

beigeben und von beiden Seiten mit
würzen.

für den Lauch: vier Stangen Lauch

waschen und nur das Weiße schräg in Scheiben schneiden. In die Pfanne 50 ml Brühe
gießen und den Lauch hineinlegen. Die Lauchscheiben
sollten nicht von der Brühe bedeckt werden. Lauchscheiben mit Salz, Pfeffer, wenig Muskatnuss
würzen. Auf jede Scheibe Lauch
jeweils einen knappen Teelöffel von 80 g frische Weißbrotbrösel,
60 g geriebenen Hartkäse,
100 g frischer Meerrettich

geben. Die Lauchpfanne nun einmal leicht zum Köcheln
bringen und dann bei Oberhitze (oder Grill) überbacken.

für die Soße: zwei Schalotten
in 50 g Butter
ohne Farbe dünsten. Mit 200 ml Viez (Apfelwein)
ablöschen und um die Hälfte einkochen. 500 ml Fischfond
zufügen und aufkochen. 1 Apfel
geschält, entkernt und zerkleinert zufügen und erneut um
die Hälfte einkochen. 100 ml Sahne
dazu geben und drei Minuten kochen lassen.
Soße würzen und mit 25 g grobkörnigem Senf
und 1 EL Crème fraiche, Salz, Pfeffer
im Mixer pürieren und binden. Dazu passen „Grumbeer-
kichelscher" (Reibekuchen), die nach traditionellem
Rezept mit heißem Fett kross aufgebacken werden.

Villa **Fayence**

Ein großzügiger Park mit mächtigen Bäumen, eine herrschaftliche Villa, die diesen Namen verdient hat, eine weithin bekannte Küche und ein paar exquisite Zimmer: Die Villa Fayence von Familie Bettler in Saarlouis-Wallerfangen gehört zu den attraktivsten Adressen für Feinschmecker im Saarland.

Bernhard Michael Bettler

Bernhard Michael Bettler und seine Frau Suzanne, eine gebürtige Amerikanerin, haben die unter Denkmalschutz stehende Villa Fayence zu einem Haus „voll schöner Überraschungen" gemacht, so die Gastgeber. Hell, lichtdurchflutet, freie Sicht zum Park: Das Wintergarten-Restaurant liegt traumhaft schön. Hier stehen 40 Plätze zur Verfügung, im Kaminzimmer weitere 18 und im Bistro im Untergeschoss, das vom langjährigen Mitarbeiter Gerd Wilhelm geleitet wird, können 20 Gäste bewirtet werden. Im Sommer kann man auf der Terrasse genießen und die Ruhe des gepflegten, 7000 Quadratmeter großen Parks mit mächtigen, uralten Bäumen genießen. Außerdem laden vier großzügige, individuell eingerichtete Zimmer mit privatem Charakter zum Übernachten ein.

Villa Fayence
Hauptstraße 12
66798 Wallerfangen
Tel.: 0 68 31/9 64 10
Ruhetag: Sonntag

B ettler ist ein Anhänger der klassischen französischen Küche und legt Wert auf eigene Ideen, lässt sich gerne neue Kreationen einfallen. Zum Beispiel sein Kaninchencrepinette auf marinierten Zuckerschoten und bunten Linsen mit zweierlei Trüffelbuttersoßen. Oder den an der Gräte gebratenen Seeteufel auf Orangenweißkohl in rosa Pfeffersoße. Und zum süßen Abschluss das Altbierparfait mit Zwetschgenkompott und Walnuss-Soße. Wer Menüs mag, der wird in der Villa Fayence vom Business- bis zum Feinschmecker-Menü fündig.

17 Jahre lang, von 1978 bis 1995 strahlte ein Michelin-Stern über der klassizistischen Villa. Dann ging die Auszeichnung verloren. Doch Küchenchef Bettler, inzwischen 50 geworden, will's wieder wissen. Die Bedingungen dazu stimmen, die Villa Fayence ist eine der attraktivsten Feinschmecker-Adressen im Saarland.

Majoran - Hechtschnitte
auf Bibbelschesbohne

100 g feine Gemüsewürfel
(Möhren, Lauch, Sellerie)

in Salzwasser blanchieren, in einem Sieb abtropfen.

200 g Schneidebohnen
(Bibbelschesbohne)

schräg in 1 cm breite Streifen schneiden, 10 Min. in Salzwasser garen, in einem Sieb kalt abschrecken.

für die Soße:

in 20 g von   2 EL feine Schalottenwürfel
andünsten, mit 30 ml von   60 g Butter
und 30 ml von   50 ml saarländischem Winzersekt
auffüllen, einkochen lassen, bis fast keine Flüssigkeit   1/2 l Fischfond
mehr vorhanden ist.
dazu geben und in zwei Minuten sämig einkochen, mit   120 g Crème double
und   Salz, weißem Pfeffer
würzen.   einer Prise Zucker

4 Hechtfilets à 100 g	Mit einem kleinen Messer in jedes von (vom Fischhändler vorbereiten lassen) 6 Einschnitte (1 cm tief) machen und jeweils, von
1 Bund Majoran	1 Majoranblatt hineinstecken. Filets mit Salz und Pfeffer würzen. Den restlichen Fischfond aufkochen.
2 EL Traubenkernöl	in der Pfanne erhitzen, Hechtfilets darin auf der gespickten Seite 1/2 Minute anbraten, danach in den Fischfond legen. Den Topf von der Herdplatte nehmen. Hechtfilets zugedeckt in 10 Minuten gar ziehen lassen. Inzwischen die Bohnen in wenig Butter schwenken, bis sie heiß sind, anschließend mit
Salz, Pfeffer und Bohnenkraut	würzen. Die Soße einmal aufkochen. Die übrigen 40g eiskalte Butter in kleinen Stücken mit dem Pürierstab einrühren. Gemüsewürfel, restlichen Sekt und
3 EL geschlagene Sahne	zugeben. Erst die Bohnen auf vorgewärmten Tellern anrichten. Die Hechtschnitten drauflegen und gleichmäßig mit Soße begießen. Dazu passen in Butter und Petersilie geschwenkte Salzkartoffeln.

Getränkevorschlag:
Ein eleganter Winzersekt: der Chardonnay brut
vom Sekthaus Gerd Petgen in Perl-Sehndorf.

Rützelerie **Geiß**

Rützi und Cornell Geiß

Hier sitzt man auf dem Bett.
Bequem und heimelig. Aus Teilen
eines alten, wunderbar ver-
schnörkelten Holzbettes wurden
zwei kleine Bänke gezimmert und
hübsch gepolstert. Die beiden
lauschigen Plätze sind typisch
für die Rützelerie Geiß in Kirkel-
Neuhäusel. Hier haben Cornell
und Rützi Geiß aus einer ehe-
maligen Schreinerei eine beliebte
Feinschmecker-Adresse gemacht.

Rützelerie Geiß
Blieskasteler-/Ecke Brunnenstraße
66459 Kirkel-Neuhäusel
Tel.: 0 68 49 / 13 81
Ruhetage: Sonntag und Montag

V or dem Eingang in der Brunnenstraße steht eine über 100 Jahre alte handgeschmiedete Kutsche. „Die haben wir im Urlaub bei einem Bauern in den Vogesen gekauft", erzählt Cornell Geiß. Drinnen, in dem hohen Raum, setzen ein opulenter Messing-Kronleuchter und ein mächtiger Nußbaum-Schrank im Biedermeier-Stil Akzente. Sandstein-Mauerwerk und weißer Putz harmonieren prächtig, sorgen im Restaurant für rustikale Gemüt-lichkeit. Im Erdgeschoss und auf der Galerie kann das Rützelerie-Team 40 bis 50 Gäste bewirten. Viele Fotos und Bilder und allerlei alte Haushaltsgeräte als Dekoration sorgen für Flair: Milchkannen und Küchen-Waagen, Kofferradio und Fleischwolf, Geschirr und Bügeleisen...

Von dem markanten Eckhaus kann man geradewegs auf die Kirkeler Burg schauen. Cornell und Rützi Geiß haben das Restaurant liebevoll eingerichtet. Im unteren Teil finden 20 Gäste Platz, auf der Galerie können Gesellschaften bis 30 Personen in aller Ruhe genießen.

Rützi Geiß mag die klassische französische Küche: „Keine andere ist so vielfältig, bietet solche Möglichkeiten", so der Küchenchef. Er bildet aus - in der Küche und im Service, den seine Frau Cornell mit viel Umsicht leitet. Fertigprodukte kommen bei Familie Geiß nicht ins Haus. „Bis auf das Brot machen wir hier alles selbst, von den Nudeln über Pasteten und Terrinen bis zu Eis und Pralinen."

In der Rützelerie werden verschiedene Menüs angeboten, von einem günstigen Jahreszeiten-Menü über ein vegetarisches und ein Fisch- bis zu einem Gourmet-Menü. Da locken beispielsweise ein lecker angemachter Salat mit Wachtel und Roulade vom Perlhuhn oder ein Stachelrochen in milder Zitronengras-Soße mit gebratenen Scampi, da wird ein fruchtig-erfrischendes Apfel-Sorbet gereicht und danach - zu einem guten Glas Rotwein - ein zartes Hirschfilet mit Maronenkruste. Apropos Wein: Cornell und Rützi Geiß haben sich im Lauf der Jahre einen kleinen Weinhandel aufgebaut, bieten ab und an auch Aktionen wie „Gala-Menü mit Weinprobe" oder ein Jahreszeiten-Menü mit einer Flasche Wein an.

Forelle mit
zweierlei Füllung

Zutaten für vier Personen:

Von

4 kleinen Forellen

mit einem scharfen Messer vom Rücken her die Filets
bis zu den Bauchgräten lösen und an den Kiemen ein-
schneiden. Die Filets müssen aufklappbar sein, aber
noch an den Bauchgräten hängen. Mit einer Pinzette
die feinen Gräten ziehen.

für die Marinade:
Aus

4 cl Zitronensaft, 1 cl Cassis
1 cl Balsamico-Essig
1 Messerspitze Ingwerpulver

im Mixer eine Marinade herstellen.
Damit die Forellen gleichmäßig übergießen und eine
Nacht im Kühlschrank durchziehen lassen.

für die Füllung 1:

6 Scheiben entrindetes Weißbrot
6 cl Sahne
1 cl Crème fraiche
80-100 g vorgegarte
Gemüsewürfelchen
(Karotte, Sellerie, Kaiserschote)
Salz, Pfeffer und Muskat

mit
und
verkneten,

unterheben und mit
abschmecken.

Getränkevorschlag:
Filzener Steinberger Riesling
trocken von Edmund Reverchon
in Konz-Filzen/Saar.

für die Füllung 2:	200 g gehackte Mandeln
mit	100 g Butter
verkneten und mit	Salz und Pfeffer
würzen.	

Marinierte Forellen auf der einen Seite mit der Brot-
Gemüse-Farce, auf der anderen Seite mit der Mandel-
butter füllen. Forellen auf ein gebuttertes Backblech
setzen und die Seiten der Fische mit mehrfach gefalteter
Aluminiumfolie stabilisieren.
Zehn Minuten bei 225 Grad garen.
Dazu kann man eine Fischsoße reichen, die eventuell mit
frischen Flußkrebsschwänzen ergänzt wird.

Hermann Neuberger

Siegfried Weiler

Sportschule

Hermann Neuberger Sportschule
Im Stadtwald 54
66123 Saarbrücken
Tel.: 06 81/ 38 79-0
Mittagessen für Gäste
montags bis freitags von 11.30-13.30 Uhr

Ob zierliche Turnerin oder muskelbepackter Ringer, ob Fußballer oder Triathlet - gerade Sportler müssen sich gesund und richtig ernähren. Für das Küchenteam der Hermann Neuberger Sportschule und ihren Chef, Siegfried Weiler, täglich eine neue Herausforderung. Kohlen-hydratreiche Kost, frische Salate und abwechslungsreiche Fisch- und Fleischgerichte stehen auf dem Speiseplan. Auch Gäste sind im Saarbrücker Stadtwald willkommen.

Was sollen Sportler essen? Kohlenhydrate, klar. Kartoffeln, Nudeln, Reis. Die liefern die nötigen Brennstoffe, wenn körperliche Leistungen gefragt sind. Doch das ist nicht alles.

Die Ernährungsgewohnheiten einer 14-jährigen, zierlichen Turnerin und eines 22-jährigen, stämmigen Ringers weichen schon ein klein wenig voneinander ab.

Für Siegfried Weiler, Küchenchef in der Hermann Neuberger Sportschule in Saarbrücken, kein Problem. Der gebürtige Österreicher (Steiermark) kommt aus der Spitzengastronomie, hat bei renommierten Häusern gearbeitet, unter anderem in Brenner's Parkhotel in Baden-Baden und zuletzt auf Schloss Berg in Perl-Nennig. Dort hat er auch seine Frau Jutta kennengelernt und sich dann - nach der Geburt der Töchter Jacqueline und Victoria - dazu entschlossen, dauerhaft im Saarland zu bleiben. Familie Weiler wohnt im eigenen Heim in Merzig-Ballern, und der sympathische Küchenmeister (Jahrgang 1964)

arbeitet seit 1997 an der Sportschule. „Das macht mir einen Riesenspaß", erklärt er, „es sind sehr viele junge Leute hier, wir bieten eine leichte, frische Küche. Jeden Tag gibt es ein Salatbuffet und je nach Jahreszeit und Marktangebot verschiedene Gerichte." Rund 150 Essen kommen täglich aus der Küche, Lachs auf Linsen beispielsweise oder Poulardenbrust, Pfefferlendenbraten, Lasagne und so weiter. Im Sommer gibt's verstärkt Salate und leichte Küche. „Der Speiseplan wird von Tag zu Tag gemacht." Siegfried Weiler selbst mag gern Fisch, ob Lachs, Seezunge oder Steinbutt. „Und ich koche auch gerne mit Fisch, besonders liebe ich unseren einheimischen Zander." Auch mit Linsen und Kürbis arbeitet er gerne - und aus diesen Zutaten hat er sich ein pfiffiges Rezept einfallen lassen.

Filet vom Flusszander
in der Kartoffelkruste

Zutaten für vier Personen:

für den Fisch:

4 Zanderfilets à 160 Gramm	mit
Salz, Pfeffer	würzen und
4 große Kartoffeln	schälen, fein reiben, mit
1 Eigelb	vermengen, salzen und pfeffern. Die Kartoffeln auf die Grätenseite des Zanders legen.

für das Kürbisgemüse:

400 g Kürbis	in Rauten,
100 g Lauch (nur das Weiße)	in kleine Würfel schneiden, alles zusammen in
20 g Butter	mit
etwas Zucker	anschwitzen und mit Salz und Pfeffer abschmecken (sehr kurze Garzeit, damit das Gemüse knackig bleibt).

für die Soße:

50 g Schalotten	in Butter anschwitzen,
je 50 g Lauch, Karotten und Sellerie	würfeln und beigeben, mit
200 g Fischfond, 1/4 l Sahne	auffüllen,
200 g Linsen	beigeben und weichkochen. Mit Salz und Pfeffer abschmecken und mit
etwas Balsamicoessig	vollenden.
	Den Zander auf der Kartoffelseite mit
etwas Butter	anbraten, umdrehen, fertig braten (8-10 Minuten).

Das Kürbisgemüse in der Mitte des Tellers anrichten, das
Zanderfilet mit der Kartoffelkruste nach oben auf das
Gemüse setzen. Die Linsensoße um das Gemüse geben
und mit   etwas Kerbel
garnieren.

Getränkevorschlag:
Ein Grauer Burgunder QbA trocken
vom Weingut Edgar Gales in Perl-Nennig.

Ein Frühlingstag. Unterwegs: saftig grüne Wiesen, blühende Obstbäume, goldgelbe Rapsfelder. Von weither sichtbar: der Gipfel des Schaumbergs (569 Meter), der saarländische Hausberg. Zu seinen Füßen, in der Ortsmitte von Tholey, der Gemeinde im Landkreis St. Wendel: ein markantes Eckhaus – die Hotellerie Hubertus.

Hotellerie Hubertus,
Metzer Straße 1
66636 Tholey
Tel.: 0 68 53/9 10 30
Ruhetage: Donnerstagmittag,
Sonntagabend, Montag

Josef Hubertus

osef und Hiltrud Hubertus führen den Familien-
betrieb in der Metzer Str. 1 seit 1977, haben ihn
zu einem modernen, freundlichen Hotel mit einem
vielfältigen gastronomischen Angebot ausgebaut.
20 Zimmer stehen zur Verfügung - und gleich drei
verschiedene Räumlichkeiten mit unterschiedlicher
Ausrichtung: das Gourmet-Restaurant, seit 1993 in
Folge mit einem Michelin-Stern ausgezeichnet, das
Café Palazzo mit gehobener italienisch-mediterraner
Küche sowie die Marktschenke mit bürgerlich-rusti-
kalen Speisen. Und bei schönem Wetter kann man auf
der Terrasse sitzen.
Glanzstück des Hauses ist das Gourmet-Restaurant
mit dem eindrucksvollen Kreuzgewölbe. Das ist in weiß
und silbergrau gestrichen, und dazu kontrastiert das
solide alte Holzparkett. Romantisches Licht und Kerzen
sowie festlich weiß eingedeckte Tische sorgen für eine
einladende Atmosphäre. Hier servieren Hiltrud Hubertus
und ihr Team einfallsreiche Kreationen von Küchenchef Josef Hubertus.
Beispielsweise feine Geflügel-Ravioli auf gedünstetem
Blattspinat mit heller und dunkler Trüffelsoße, Seeteufel
mit Hummer und tomatisierter Vongole-Muschelsoße
oder Gries-Nougat-Knödel auf Rhabarber-Erdbeer-
Kompott mit Tongabohnen-Eis: eine leckere Kombination.

D as Café Palazzo (35 Plätze) ist im Wintergarten-Stil vorgebaut. Hier kommen die Freunde der italienischen Küche auf ihre Kosten. Antipasti, ein vielfältiges Angebot an Pasta und Primi Piatti wie Saltimbocca alla Romana (dünne Kalbsschnitzel mit Parmaschinken und Salbei) oder Zander mit Kräuterkruste. Und als Dolce zum Beispiel: Marinierte Feigen in Brunello mit Amaretto-Parfait. In der Marktstube (40 Plätze) bietet Hubertus ein günstiges Menü sowie regionale Gerichte wie Entenbrust oder gefüllten Kaninchenrücken an.

Als Rezept für unsere „Regionalküche mit Pfiff" hat sich Josef Hubertus ein raffiniertes Fleischgericht ausgedacht:

Crepinette vom
Kalbsrücken mit
Morcheln und Spargel

Zutaten für vier Personen:

400 g Kalbsfilet
Salz und Pfeffer

in vier gleiche Stücke schneiden, mit
würzen, kurz anbraten und abkühlen lassen.

für die „Duxelles",
mit der das Kalbsfilet eingepackt wird:
würfeln und in
goldgelb rösten,
schneiden und anschwitzen. 1/3 von
mit
anschwitzen, alles zusammen mit
mischen.

1 Scheibe Toastbrot
10 g Butter
1 Strang Zwiebellauch
80 g Morcheln
1/2 Schalotte
1 Eigelb, Petersilie

100 g gewässertes Schweinenetz
(beim Metzger bestellen)
Butterfett

1,6 Kilo weißer und grüner Spargel
1/2 TL Zucker und etwas Butter

Die Mischung um die Kalbsfilets geben, in

einschlagen, in
anbraten und im Backofen bei 180 Grad zirka
10 Minuten braten.
schälen und in Salzwasser mit
knackig kochen.

für die Kerbelbuttersoße:

2 Schalotten
50 g Butter
60 ml Wermut, 125 ml Weißwein
250 g Geflügelfond
0,2 l Sahne
100 g Butter

1 Bund Kerbel

Madeira

in
anschwitzen, mit
und
ablöschen, auf 1/3 einkochen, mit
auffüllen und mit
montieren (kleine kalte Butterstücke einrühren).
Zum Schluss
kleinschneiden und dazugeben. Den Rest der Morcheln
waschen, in Butter anschwitzen, mit
ablöschen, mit Kalbsjus angießen und mit etwas Butter
verfeinern.

Dazu passen Kartoffelcrèpes.

Getränkevorschlag: Ein fruchtiger Dornfelder vom
Weingut Lergenmüller in Hainfeld/Pfalz.

Die Alte Brauerei

Essen und Trinken haben in diesem Haus Tradition.

Hotel-Restaurant-Bistro-Galerie
Die Alte Brauerei
Kaiserstraße 101
66386 St. Ingbert
Tel.: 0 68 94/92 86-0
Ruhetage:
Samstagmittag und Dienstag

Wo die Brüder Becker 1877 ihr erstes Bier brauten, lädt heute ein gemütliches Restaurant mit sechs Zimmern zum Genießen ein: die Alte Brauerei in St. Ingbert. Das Gastronomen-Ehepaar Jeanette und Norbert Lichter bietet zusammen mit Küchenchef Eric Dauphin eine gehobene Küche mit regionalem Einschlag an. Und im Innenhof gibt die saarländische Künstlerin Margret Lafontaine in ihrer Galerie einen Einblick in ihre Arbeit.

Braumeisterstübchen

Jeanette und
Norbert Lichter

Die Brüder Becker brauten hier ihr erstes Bier. Das ist über 120 Jahre her. Dann waren in dem historischen Gebäude Pferdeställe und später das Zunfthaus der Zimmerleute untergebracht. Nach wechselvollen Jahren lädt heute ein gemütliches und geschmackvoll eingerichtetes Restaurant zum Verweilen ein: Die Alte Brauerei in St. Ingbert.

Jeanette und Norbert Lichter haben das Haus in der Kaiserstraße gepachtet, pflegen hier „eine gehobene Küche", so der Patron, „und versuchen, viel Regionales anzubieten." Vor einigen Jahren wurde der Gebäudekomplex aus dem Jahre 1877 sorgfältig restauriert. In der St. Ingberter Kaiserstraße, nur wenige Schritte von der Fußgängerzone und vom Stadtpark entfernt, lädt rund um den malerischen Innenhof ein historisches Ensemble zum Genießen ein.

Die Alte Brauerei versteht sich als ein Gasthof mit Hotel, Restaurant, Bistro und Galerie, verfügt über ein Nebenzimmer und eine kleine, idyllische Gartenterrasse. Kernstück ist das gemütliche Restaurant mit der rustikalen Holzbalkendecke, dem prächtigen, großen Bild „Die Bauernhochzeit" (eine Kopie des berühmten Bildes von Jan Breughel dem Älteren, erklärt der Patron) und den geschmackvoll eingedeckten Tischen. Beliebt sind unter anderem die Kartoffelsuppe, die Himmlische Begegnung (hausgebeizter Lachs mit „Grumbeerkiechelscha") oder die Saarländische Versuchung (ein „Gefillder", „Hoorische" und „Lewwerknepp" mit Champagnerkraut).

Auch die wechselnden Menüs werden gut angenommen, zum Beispiel: Kräuter-Wolfsbarsch mit Safransoße und Fenchelgemüse, das Feine vom Lamm (Lammhüfte und Karree) auf Thymianjus, dazu hausgemachte Schinkenkroketten, und als Dessert Apfel-Bisquit-Soufflé mit Nougat-Marzipan-Eis.

Sechs hübsche, individuell eingerichtete Zimmer laden zum Übernachten ein. Nach einem guten Essen kann man in der „Kutscher-Suite" oder im „Braumeister-Zimmer" ausspannen. Alle Bilder, Möbel und Objekte in den Hotelzimmern und Gasträumen wurden von der saarländischen Künstlerin Margret Lafontaine ausgewählt und arrangiert. Ihre Galerie mit angeschlossenem Atelier im Innenhof zeigt wechselnde Ausstellungen nationaler und internationaler Künstler.

Eric Dauphin

In der Alten Brauerei werden die Kreationen von Küchenchef Eric Dauphin und seinem Team aufgetischt, die der renommierte Restaurantführer Michelin mit dem roten „Bib Gourmand"-Männchen auszeichnete. Das steht für „sorgfältig zubereitete, preiswerte Speisen".

Rehrücken im

Haselnuss-Crèpemantel
auf Apfel-Preiselbeer-Butter

Zutaten für vier Personen:

600 g Rehrücken	in vier Teile schneiden, in heißem Fett kurz anbraten und mit
Salz und Pfeffer	würzen.

für die Crèpes:

1/4 l Milch, 2 Eier	
100 g Mehl, Salz	zu einen Crèpeteig verarbeiten,
100 g gemahlene Haselnüsse	untermischen. In einer Teflon-Pfanne vier Crèpes backen.

für die Farce:

die gut gekühlten Zutaten in folgender Reihenfolge mit Küchenmaschine oder Mixer zerkleinern und durchmischen:

200 g Hirschkeule (oder Reh)	zerkleinert
1 Eiweiß	
1 EL Weinbrand	
1/4 l flüssige Sahne	dazugeben, mit
Salz und Pfeffer	würzen. Es sollte eine geschmeidige Wildfarce entstehen.

Die Farce auf die Crèpes streichen, die Rehrücken-
stücke drauflegen, zusammenrollen und mit
oder
gut einpacken. Die Päckchen in heißem Fett anbraten
und anschließend im 200 Grad heißen Backofen
10 Minuten backen.

Schweinenetz
Eiweißfolie (vergeht beim Braten)

für die Apfel-Preiselbeer-Butter
in einer Teflonpfanne karamelisieren lassen und mit
ablöschen.
Zur Hälfte einkochen lassen und mit
aufschlagen.

50 g Zucker
1/4 l Cidre

130 g kalter Butter in Flöckchen

1 EL Preiselbeeren
1 Apfel (kleingewürfelt).

hinzugeben.

Die Crèpes-Päckchen schräg in
vier Scheiben schneiden und
auf der Apfel-Preiselbeer-
Butter anrichten. Als Beilage
empfehlen wir Rotkraut und
Schneebällchen.

Getränkevorschlag:
Ein feiner saarländischer
Rotwein: Der St. Laurent
vom Weingut Ökonomie-
rat Petgen-Dahm
in Perl-Sehndorf.

Restaurant Quack

Gänseleber im Baumkuchenmantel, St. Pierre auf rotem Zwiebel-
konfit, Kaffeemousse mit eingelegten Feigen: Im Restaurant
Quack kommen Feinschmecker auf ihre Kosten. Vom Tagesgericht
(Plat du jour) über das kleine Menü für den eiligen Geschäfts-
mann bis zum Gourmet-Menü für den gemütlichen Abend reicht
das Angebot in dem Restaurant in Alt-Saarbrücken.

Wo der grüne Frosch lacht, fühlen sich Gourmets zu Hause. Eine der ersten Adressen in der Landeshauptstadt ist das Restaurant Quack. Anne und Wolfgang Quack fahren - wie viele andere Gastronomen auch - zweigleisig: Im eleganten Restaurant wird die moderne Feinschmeckerküche geboten, die der Küchenchef von der Pike auf gelernt hat. Im Nebenzimmer stehen preiswerte Bistro-Gerichte auf der Glastafel, vom Tagesgericht bis zum Business-Menü. Beliebt sind unter anderem frische Fische und Meeresfrüchte, beispielsweise ein „Salat fruits de mer" oder ein „Plateau au crevette" mit dreierlei Soßen.

Wolfgang Quack mit
Ehefrau Anne

Restaurant Quack
Deutschherrnstraße 3
66117 Saarbrücken
Tel.: 06 81/5 21 53
Ruhetage: Samstagmittag, Sonntagabend
und Montag

F ür Wolfgang Quack (Jahrgang 1967) hat sich der Kreis geschlossen. 1983 trat er in der Deutsch- herrnstraße seine Lehre an - bei Wolfgang Kubig in der Winzerstube. 1988, in Diensten von Sterne-Köchin Margarethe Bacher, wurde er „Weltmeister der Jung- köche", danach sammelte er bei den Drei-Sterne-Köchen Eckard Witzigmann und Dieter Müller Erfahrungen. Inzwi- schen ist er längst selbständig, übernahm zusammen mit Ehefrau Anne (Service und Weine) das Restaurant Winzer- stube in Alt-Saarbrücken. Das präsentiert sich nach einigen Umbauten und Renovierungen als Treffpunkt für Freunde gehobener Küche und trägt den Namen des Küchenchefs: Restaurant Quack. Im elegant eingerichteten Restaurant und nebenan im Bistro gibt's rund 30 Plätze, die Wände zieren Bilder des Saarbrücker Künstlers Hans Schröder - ein treuer Stammgast im Quack. Im Sommer kann man auch auf der kleinen Terrasse sitzen. Von Zeit zu Zeit laden Anne und Wolfgang Quack zu besonderen Feinschmecker- Abenden ein, meist in Verbindung mit ausgesuchten Weinen, die von Experten vorgestellt werden. Und beliebt sind auch die Kochkurse des Küchenchefs.

Als Rezept hat sich Wolfgang Quack „etwas ur-saar- ländisches" ausgesucht: Stallhase. Dazu passt sehr gut Kartoffelsalat und als besonderen Pfiff gibt´s ein Bärlauch- Pesto. „Bärlauch wächst bei uns im Saarland wild (im Früh- jahr und Sommer)", erklärt der Küchenchef, ersatzweise könne man auch ein normales Pesto mit Basilikum zubereiten.

Gefüllter **Stallhase**

mit warmem Grumbeersalat und Bärlauch-Pesto

Zutaten für vier Personen:

für den Hasen:

Vom Stallhasen vorsichtig den Rücken auslösen (oder vom Metzger auslösen lassen), den Rest für Hasenpfeffer verwenden. Die Innereien putzen und in kurz anbraten, mit würzen. mit

1 Stallhase mit Innereien

1 EL Öl
Salz, Pfeffer, Majoran
100g gekochten Wirsing
200 g grobem Bratwurstbrät
100 g Sahne

und den Innereien mischen.
Die Innenseite des Hasenrückens mit der Füllmasse bestreichen. Den Rücken zu einer gleichmäßigen Rolle formen, zuerst in dann in einschlagen. Mit Küchenschnur binden, in von allen Seiten anbraten.

Wirsingblätter
1 Schweinenetz (vom Metzger)
Butterschmalz

Im Backofen bei 180 Grad
10 -15 Minuten garen. Vor dem Aufschneiden die Schnur
entfernen.

für den Kartoffelsalat:

400 g festkochende Kartoffeln   waschen, 20 Minuten mit
Kümmel, Salz   garen. Abgießen, ausdämpfen lassen und pellen, dann in
gleichmäßige Scheiben schneiden.

1 EL gewürfelte Schalotten   in der Pfanne in reichlich
Schmalz   dünsten, mit
0,2 l Fleischbrühe   ablöschen.

0,1 l Vinaigrette, 1 TL Senf,
1 TL Essig   dazu geben, mit
2 EL Mehl   abbinden und gut aufkochen. Heiß über die Kartoffeln
gießen und zum Schluss das Pesto unterrühren.

für das Pesto:

10 g grobes Salz, 60 g Pinienkerne,
200 g Bärlauch
(ersatzweise Basilikum)
100 g glatte Petersilie
120 g Parmesankäse, 1/4 l Olivenöl   im Mixer fein pürieren.

Dazu passt eine edle Spätburgunder Auslese vom
Weingut Knipser in Laumersheim/Pfalz
(Weinmichel Saarbrücken).

Zum Schwan

Bescheidenheit ist eine Zier. Gasthaus Zum Schwan heißt das Restaurant von Klaus Dieter und Christiane Koschine in Püttlingen. Doch hinter dem unscheinbaren Gasthaus verbirgt sich eine der besten Feinschmecker-Adressen im Saarland. Und nicht nur das. Neben den feinen Kreationen im eleganten Restaurant bietet der Küchenchef im Bistro etwas rustikalere Gerichte und regionale Spezialitäten an.

Gasthaus Zum Schwan
Derler Straße 34
66346 Püttlingen
Tel.: 0 68 98/6 19 74
Ruhetag: Dienstag

Klaus Dieter Koschine und
seine Frau Christiane

Er ist kein Mann großer Worte. Klaus Dieter Koschine überzeugt mit seiner Arbeit. Beständig und auf hohem Niveau verwöhnt der Küchenchef seine Gäste in Püttlingen. Zusammen mit seiner Frau Christiane führt er das kleine, liebevoll eingerichtete Haus mit dem prächtigen Messingschild in der Derler Straße im Schatten des Köllertaler Doms.
Im Oktober 1994 hat der Küchenmeister, der zuvor in renommierten Häusern gearbeitet hat, das rund 200 Jahre alte Anwesen übernommen. Koschine ist ein Urenkel des Schwanen-Gründers. Zuvor leitete der in Püttlingen sehr populäre Gastwirt Gustav Marx, genannt „Gui", 60 Jahre lang das Lokal. Das musste im Krieg und bei Arbeiten am Dom auch schon mal als Notkirche herhalten - gesegnete Mahlzeit!
Heute locken die Kreationen des Küchenchefs und seines Teams Gäste aus dem ganzen Saarland und den angrenzenden Regionen an, darunter viele Stammgäste.

Klaus Dieter Koschine hat die französische Feinschmecker-Küche von der Pieke auf gelernt, er ergänzt sie mit italienischen oder mediterranen Einflüssen und hat auch ein besonderes Händchen für regionale Gerichte. Und Frau Christiane leitet kompetent und freundlich den Service. Im Gasthaus Zum Schwan fahren die Koschines zweigleisig. Im eleganten Restaurant mit der Säule in der Mitte, den dunkelroten italienischen Designerstühlen aus Leder (sehr bequem und eine Augenweide) und den weiß eingedeckten Tischen werden Feinschmecker-Gerichte angeboten, von der Gänseleber-Variation über bretonischen Hummer bis zur Bresser Taube. Und immer hochinteressante Menüs. Die Karte im Restaurant wird jeden Tag neu geschrieben, je nach Einkauf. Hier finden 24 Gäste Platz beziehungsweise Gesellschaften bis 38 Personen.

Im freundlichen Bistro (16 Plätze) stehen rustikalere und regionale Gerichte auf der Karte. Ein Fest für Freunde eines guten Tropfens ist die umsichtig zusammengestellte Weinkarte mit Sicherheit.

Im eleganten Restaurant werden Feinschmecker-Gerichte angeboten.

Köllertaler **Zicklein** mit
Schnippelbohnen und **Kartoffel** Ziegenquark-Soufflé

Als Regionalgericht mit Pfiff kombiniert Klaus-Dieter Koschine zartes, saftiges Fleisch, knackiges Gemüse und eine delikate Kartoffel-Beilage. Das ergibt eine traumhaft schöne Kombination. „Alles regionale Produkte, die gut miteinander harmonieren", erklärt Koschine. Das Zicklein stammt aus dem Köllertal, die Bohnen kommen aus heimischem Anbau und die Zutaten für das Soufflé ebenfalls. Mit Thymian und Rosmarin gibt's frische Kräuter dazu - Herz, was willst Du mehr...

Zutaten für vier Personen:

4 EL Pflanzenöl	Ofen auf 220 Grad vorheizen, in einem Bräter erhitzen.
Zickleinparüren (Knochen und Abschnitte)	darin anrösten,
2 gewürfelte Schalotten	
1 gewürfelte Karotte	
je 1 EL Stangen- und Knollensellerie	zufügen.
1 TL Tomatenmark	einrühren. Mit Wasser auffüllen, bis die Knochen eben bedeckt sind.

1 abgezogene Knoblauchzehe
je zwei Zweige Thymian und
Rosmarin
5 Wacholderbeeren
1 Lorbeerblatt, Salz, Pfeffer

hinzufügen.
Etwa zwei Stunden bei 180 Grad köcheln lassen.

Vom Zicklein 400 g Schulter, zerlegt
in Haxe, Blatt und Röhrenstück

salzen und pfeffern, in den Bräter legen
und etwa 20 Minuten schmoren lassen.

Fleisch herausnehmen und warm halten.

Zickleinfond durch ein Mulltuch gießen, mit

3-4 EL Sherry — abschmecken, mit

1 EL Mehlbutter — (aus gleichen Teilen Mehl und Butter), binden.

Je 8 Knoblauchzehen und
Perlzwiebeln — in Öl schmoren,

je 1 Thymian- und Rosmarinzweig — feinhacken und alles hineingeben.

150 g Leber — in

1/2 EL Öl — kurz sautieren und würfeln.

50 g Butter — schaumig schlagen, mit

1 EL angeschwitzten
Schalottenwürfeln — und

50 g in Knoblauch gerösteten
Weißbrotwürfeln, 2 Eigelb

1 EL feingeschnittenem Kerbel — sowie der Leber, Thymian und Rosmarin zu einer Füllung

verrühren.

600 g hohl ausgelöste Zickleinkeule — (vom Metzger vorbereiten lassen)

mit Salz und Pfeffer würzen, mit der Masse füllen und in

1 Zickleinnetz oder 1 Schweinenetz — einschlagen.

Bei 180 Grad 15 Minuten garen, dann ruhen lassen.

2 EL Öl — in einer großen Pfanne erhitzen.

Keule und Schulterstücke 5-7 Minuten heiß braten.

Herausnehmen und aufschneiden.

für die Schnippelbohnen:

400 g Schnippelbohnen — bißfest kochen, mit angeschwitztem

Speck und Zwiebeln — mischen, salzen, pfeffern, mit

1 Prise Muskatnuss und Bohnenkraut — würzen und mit einem

Schuss Rahm — verfeinern.

fürs Kartoffel-Ziegenquark-Soufflé:

500 g mehligkochende Kartoffeln

schälen, garen. Heiß durch eine Presse drücken.
Mit 250 g abgetropftem Ziegenquark
7 Eigelb,100 g zerlassener Butter

verrühren. Salzen, pfeffern.
Mit Butter
Förmchen zweimal auspinseln. Masse einfüllen. Im
Ofen bei 250 Grad 20 Minuten garen.

Soufflé auf den Teller stürzen. Keule und Schulter
daneben anrichten. Mit Jus beträufeln. Bohnen dazugeben. Mit Thymian und Rosmarin verzieren.

Getränkevorschlag:
Ein fruchtiger roter Burgunder: Morey St. Denis 1er Cru
von Lignier (Weine Wolfram Wuttke, Saarbrücken).

Variation:
Anstatt der Schnippelbohnen harmonieren ganz
hervorragend junge Bohnenkerne (die gibt's etwa ab
Ostern frisch). Die dicken Bohnen werden blanchiert, aus
der Haut gedrückt, in Butter leicht angebraten und mit
Salz, Pfeffer und etwas Zucker gewürzt. Und in die Soße
kommt dann anstatt Thymian und Rosmarin frischer
Lavendel.

Restaurant Petit Chateau

So genießt man in einem Schlösschen!

Restaurant Petit Chateau
Alte Reichsstraße 4
66424 Homburg-Schwarzenbach
Tel.: 0 68 41/1 52 11
Ruhetage: Donnerstagabend und
Sonntag

Drei verschiedene Räume laden zum Verweilen ein, dazu in der warmen Jahreszeit eine ruhig gelegene, schattige Terrasse im Garten sowie ein paar Plätze vorm Haus. Petit Chateau heißt das Kleinod im Homburger Stadtteil Schwarzenbach. Hier verwöhnen Rita und Erich Huber ihre Gäste mit Gaumenfreuden aus der französischen Küche, mit mediterranem und regionalem Einschlag.

Die Lust am Kochen wurde ihr in die Wiege gelegt.
„Den Beruf habe ich von meiner Mutter geerbt", erzählt Rita Huber.
„Schon mit sieben Jahren habe ich mit am Herd gestanden", erinnert sich die gebürtige Bexbacherin, die im Restaurant Carola in ihrer Heimatstadt mit 14 Jahren ihre Ausbildung begann.
Heute ist Rita Huber Küchenmeisterin und Restaurantfachfrau: „Ich darf in beiden Zweigen, Küche und Service, ausbilden."
Zusammen mit ihrem Ehemann Erich pflegt sie in Homburg die gehobene Küche. Früher in der Auberge du Chasseur in Sanddorf und inzwischen - seit Mai 2000 - in ihrem neuen Domizil in der Alten Reichsstraße 4.
„Es ist super angelaufen, es macht richtig Spaß", erklärt die Küchenchefin. „Unsere Stammgäste sind uns treu geblieben", freut sich Erich Huber.

In ihrem „Schlösschen" wird man in einem freundlichen und großzügigen Empfangsraum willkommen geheißen, von dort geht es ein paar Stufen nach oben ins Hauptrestaurant (35 Plätze, Gesellschaften bis 55), ins separate Konferenzzimmer (15 Plätze) und in den neugebauten Wintergarten (für 25 Personen). Familie Huber hat ihr kleines Reich klassisch-

elegant eingerichtet: Die Wände sind in sonnigem Gelb gestrichen. Die Gardinen sind in blau-gold gehalten, die Kirschbaumstühle mit den blau-gelben Polstern und die ebenso eingedeckten Tische sorgen für ein harmonisches Bild. „Extrem gut angenommen wird unsere Terrasse", freut sich Rita Huber. Unterm großen Sonnenschirm kommt hier im Garten an gemütlich-elegant eingedeckten Tischen Urlaubsstimmung auf.

Die Küchenchefin hat vom regionalen Klassiker bis zur gehobenen französischen Küche alles drauf. Sie arbeitet gerne mit Edelprodukten wie Gänseleber und Hummer (saftig im Petersiliensud zum Beispiel), mit feinen Fischen wie Seezunge und Steinbutt oder mit Wachteln und Entenbrust. Beliebt sind ihre Wildgerichte - das Fleisch stammt von einheimischen Jägern. Sie liebt aber auch die italienische Küche und verwendet gerne regionale Produkte. Verschiedene Menüs, stark saisonorientiert, sowie eine Standardkarte mit „Huber-Klassikern" bieten viel Abwechslung.

E rich Huber, der sich um den Service und die
Getränke kümmert, hält ein gut sortiertes Ange-
bot feiner Tropfen bereit, aus Frankreich, Italien,
Kalifornien und aller Welt, aber auch aus deutschen
Landen. Mosel-Saar-Ruwer, Pfalz und Baden sind mit
renommierten Namen vertreten.

Als Regionalgericht mit Pfiff empfiehlt Rita Huber ein
pikantes Fleischgericht mit origineller Beilage: Rinderfilet
unter der Meerrettichkruste mit Bouillonkartoffeln.

Das Fleisch stammt von einem einheimischen Bauern: Ralf
Schunk aus Webenheim, Mitglied der Vereinigung „Saar-
land-Wirt", der sich zur Zeit unseres Besuches um 40 Rin-
der im Stall beziehungsweise auf der Weide kümmerte.

Rinderfilet unter der

Meerrettichkruste
mit Bouillonkartoffeln

Zutaten für vier Personen:

für die Bouillonkartoffeln:

Einen Topf mit

1/2 Knoblauchzehe   ausreiben, die Hälfte von

30 g Butter   darin zerlassen und

1 Schalotte (klein gewürfelt)   darin andünsten.

400 g kleine Kartoffeln   schälen, würfeln und dazugeben und mit

1 EL Himbeer-Essig   ablöschen.

2 Karotten, 1/4 Knollensellerie,

1 Petersilienwurzel   fein würfeln und untermischen, das Ganze mit

1/4 l Fleischbrühe   auffüllen.

1/2 Stange Lauch   (fein gewürfelt) erst hinzugeben, wenn die Kartoffeln

und das Gemüse fast gar sind. Die restliche Butter

unterrühren und vor dem Servieren mit

1 Zweig Majoran, 1 Bund Schnitt-

lauch (fein geschnitten)   dazugeben und mit

Salz   und

weißem Pfeffer   abschmecken.

für das Fleisch:

1 kleine Meerrettichwurzel   schälen und reiben,

2 Scheiben Weißbrot   entrinden und klein würfeln, beides zusammen mit

1 EL Zucker, 1 Prise Salz

Saft von 1/4 Zitrone

2 EL Crème fraiche, 50 g kalter
Butter (in kleinen Würfeln)

1 EL Walnuss-Öl
4 Steaks vom Rinderfilet à 200 g

Salz und Pfeffer

in eine Schüssel geben und gut vermischen. Durchziehen lassen. Eine Pfanne stark erhitzen,
hinzugeben und
von jeder Seite zirka drei Minuten gut anbraten.
Mit
würzen.
Die Rinderfilets aus der Pfanne nehmen und auf eine
vorgewärmte Platte setzen.
Die Meerrettichmasse als Häubchen auf die Filets
verteilen und im Backofen (Grill oder starke
Oberhitze) solange überbacken, bis aus den Häubchen
eine goldgelbe Kruste geworden ist.
Die Bouillonkartoffeln auf vorgewärmten Tellern in
der Mitte anrichten und das überbackene Rinderfilet
daraufsetzen.

Getränkevorschlag:
Der im Barrique ausgebaute
Spätburgunder „Graacher
Himmelreich" von Markus Molitor
in Bernkastel-Wehlen/Mosel.

Landgasthof **Paulus**

Landgasthof Paulus
Prälat-Faber-Straße 2-4
66620 Nonnweiler-Sitzerath
Tel.: 0 68 73/9 10 11
Ruhetage: Montag und
Dienstag

Von der Lust und der Kunst auf dem Land zu leben - davon können Thomas Nickels und Sigrun Essenpreis ihren Gästen viel erzählen. Das tun sie auch gerne und am liebsten bei einem Glas Wein. Ihren Landgasthof Paulus in Nonnweiler-Sitzerath verstehen die beiden engagierten Gastronomen als Gesamtkunstwerk: Abschalten, ausspannen, genießen oder mit Gleichgesinnten ins Gespräch kommen, fachsimpeln, sich weiterbilden - hier gibt's viele Möglichkeiten...

D ieses Haus hat viel zu erzählen. Über 500 Jahre alt ist das Anwesen. Es war das erste Haus im Ort, „die Keimzelle von Sitzerath", erzählt Thomas Nickels. Der Gastronom aus dem Nordsaarland gehört zur 7. Generation, die in diesem traditionsreichen Gebäude Gäste bewirtet. Seit 250 Jahren in Familienbesitz, übernahm Nickels mit seiner Frau Sigrun Essenpreis 1994 den Landgasthof. Der war früher Pferdeumlage-Station. Lange Zeit wurde hier die klassisch-bürgerliche Küche gepflegt, und inzwischen haben Nickels und Essenpreis das schmucke Haus in der Prälat-Faber-Straße zu einer beliebten gastronomischen Adresse gemacht. „Landart" ist ihr Motto - „von der Lust auf dem Land & der Kunst auf dem Land zu leben". Sie verstehen ihren Landgasthof als „Gesamtkunstwerk". Dazu gehört, als Kernstück sozusagen, das Restaurant mit dem eleganten Esszimmer, dem sonnendurchfluteten Wintergarten und der gemütlichen Stube sowie der „begehbaren Weinkarte", einem mit

viel Glas versehenen Raum, in dem ein Teil der großartigen Weinauswahl besichtigt werden kann. Im Laden nebenan werden tagsüber Lebensmittel und Produkte verkauft, mit denen auch im Restaurant gearbeitet wird. Und im Obergeschoss des Anwesens ist das „Sigrun Essenpreis Wein & Genuss Zentrum" eingerichtet, eine „Erlebnislandschaft für besondere Anlässe", für Seminare und Feiern der unterschiedlichsten Art, so Thomas Nickels.

Die Küche im Landgasthof wird seit mehreren Jahren mit dem begehrten Michelin-Männchen „Bib Gourmand" ausgezeichnet. Viele Grundprodukte stammen von Landwirten und Betrieben aus der Gegend und werden „im Einklang mit der Natur" hergestellt. „Bei uns ist alles hausgemacht", versichern die Gastronomen, „wir setzen mit Vorliebe frisches Gemüse, Obst, Milch, Käse, Eier, Fleisch und Fisch ein, die in unserer Region heranwachsen und erzeugt werden." Regionalgerichte aus hochwertigen Produkten, raffiniert verfeinert - so könnte man die Küche im Landgasthof bezeichnen. Das kann ein Salat aus Hülsenfrüchten mit gekochtem Lammfleisch sein, Auberginen mit Grünkern gefüllt und Joghurt-Minzsoße oder Klassiker wie Sauerbraten, zehn Tage vorher eingelegt und im traditionellen Steinbackofen über mehrere Stunden langsam geschmort...

„Paulus" hat ein Herz für Weinfreunde. Thomas Nickels und Sigrun Essenpreis warten mit einer hervorragenden Weinauswahl auf, viele Tropfen werden glasweise ausgeschenkt - da lässt sich trefflich probieren. Gewächse aus aller Welt mit günstigem Preis-Leistungsverhältnis, ausgesuchte, hochwertige Spezialitäten - hier wird man immer fündig.

Geräucherte Lammhaxe auf Rahmsauerkraut

6 Lamm-Hinterhaxen

mit Salz und Pfeffer

würzen, im mit 1 EL Olivenöl

eingeölten Bräter im Backofen bei 200-220 Grad
ca. 90 Minuten braten; zwischendurch die Haxen
mehrere Male wenden. Lammhaxen aus dem Ofen
nehmen und abkühlen lassen; danach auf ein Gitter
legen und im Räucherofen 30 Minuten bei 120 Grad mit

Weißbuchensägemehl und
7 zerdrückten Wacholderbeeren

heißräuchern (als Ersatz für einen Räucherofen kann
man einen Topf mit Siebeinsatz nehmen. Das Räuchergut
auf dem Topfboden zum Glimmen bringen, Lammhaxen
in den Siebeinsatz legen und bei offenem Topf räuchern).

158

für das Rahmsauerkraut:

2 mittelgroße Zwiebeln — in Streifen schneiden und in Butter glasig dünsten,
2 kg Sauerkraut — dazu geben und mit
1/2 l trockenem Weißwein
(Auxerrois von der Obermosel) — ablöschen. Etwas einkochen lassen, mit
1 l Sahne — abrunden.
2 Boskopäpfel — schälen, Kerngehäuse entfernen, in Streifen schneiden und ins Sauerkraut geben;
3 Lorbeerblätter — und
6 zerdrückte Wacholderbeeren — dazugeben, mit
Salz — abschmecken. Nun die Lammhaxen ins Kraut legen und das Ganze noch zirka 30 Minuten gar kochen. Das Fleisch ist fertig, wenn es sich ohne großen Widerstand mit der Gabel anstechen lässt.

Dazu gibt's gestampfte Kartoffeln mit zerlassener Salzbutter.

Getränkevorschlag:
Die Riesling Spätlese „Herzstück" vom Weingut Bernhard Kirsten in Klüsserath/Mosel.

Die **Traube**

Hotel-Restaurant Die Traube
Grülingstraße 101–103
66113 Saarbrücken
Tel.: 06 81/94 85 00
Ruhetage: Samstagmittag, Montag

„Deutsche Küche mit französischen Wurzeln und weltweiten Einflüssen" - so umschreibt Roland Jochem seinen Küchenstil. Der Winzersohn von der Mosel und seine Frau Stefanie haben aus der rustikalen Weinstube des Vaters auf dem Saarbrücker Roden-hof ein modernes Hotel-Restaurant gemacht. Da kann man raffi-nierte Fisch- und Fleischgerichte genießen, zum Beispiel saftigen Loup de mer mit Kräutern oder Spanferkelrücken mit Aprikosen und Thymian gefüllt, und immer wieder großartige Wein-Entdeckungen machen.

Roland Jochem

Dass Roland Jochem viel für guten Wein übrig hat, sieht man sofort. Einen Teil seiner hervorragenden Auswahl präsentiert er in einem rustikalen begehbaren "Weinkeller" gleich vorn im Haus. Dahinter liegen die eleganten, freundlich eingerichteten Räume in warmen Gelb- und Terracotta-Tönen, in denen man sich die guten Tropfen - und natürlich das originelle Angebot aus der deutschen Küche mit den französischen Wurzeln und den weltweiten Einflüssen schmecken lassen kann. Das helle, moderne Restaurant mit dem schönen Wintergarten (35 Plätze) und ein weiterer einladender Raum stehen zur Verfügung.

Und bei schönem Wetter kann man auf der ruhig gelegenen Terrasse genießen (35-40 Plätze). Roland Jochem ist stets auf der Suche nach hochwertigen Produkten, wenn möglich aus biologischem Anbau. Eine Spezialität sind seine Gerichte vom Schwäbisch-Hällischen Landschwein. Das schwarzweiße Sattelschwein mit dem schmackhaften Fleisch bezieht er zum Beispiel vom Rosenhof in Homburg-Einöd, einem Bio-Bauern mit alternativer Landwirtschaft. Wild, Geflügel, Eier und Käse bekommt er von saarländischen Bauern und Jägern. So reicht das Angebot vom Boudin (Blutwurst) mit geschmorten Äpfeln und dem panierten Kotelette (von besagter Schweinerasse) mit Salat von blauen Kartoffeln über Zitronengras-Huhn und Rumpsteak vom Angusrind bis zu Wildschweinmedaillons in Wacholdersoße.

Neben Suppen und Salaten sind auch „Pasta & Co" vertreten, zum Beispiel mit leckeren Fettuccine mit Sommertrüffeln in Rahm. „Fisch & Co" locken mit Maischolle Müllerin Art oder Filet vom Red Snapper auf Ratatouille. Vom beliebten Nussbrot über Quark-crème und Gänseschmalz bis zu Pasteten, Terrinen, gefüllten Nudeln und Eis wird alles selbstgemacht - hier lernen die Azubis noch was! Zusammen mit seinem stellvertreten-den Küchenchef Harald Diener, Serviceleiter Michael Menges und ihren Teams hat Jochem die Traube zu einer beliebten und empfehlens-werten Adresse im Saarland gemacht. Regelmäßig finden interessante Weinabende statt - immer zu einem bestimmten Thema und immer mit einem attraktiven Menü und sorgfältig ausgesuchten Weinen.
Und weil die Nachfrage für Tagungen so stark ist, plant Familie Jochem für das Jahr 2002 einen Anbau...

Spanferkelrücken mit

getrockneten Aprikosen gefüllt und Kürbis-Kräuter-Gnocchi

Zutaten für vier Personen:

für das Spanferkel:

1,2-1,5 kg Spanferkelrücken
(vom Metzger längs halbiert mit Schwarte und Knochen) mit einem scharfen Messer zwischen dem Fleisch und den Rippen durchschneiden bis auf die Rückgratknochen, Spanferkel salzen und pfeffern.

1 Bund frischen Thymian
hacken, bei Raumtemperatur mit

50 g Butter
vermengen. Buttermischung in den Schnitt im Spanferkelrücken streichen.

200 g getrocknete Aprikosen
grob schneiden und ebenfalls in den Schnitt füllen. Das Fleisch im Abstand von einigen Zentimetern mit

Wurstgarn
zubinden, dann im Bräter in Öl von allen Seiten anbraten, bis das Fleisch rundherum gebräunt ist. Aus dem Bräter nehmen, das Fett abgießen.

Einige Esslöffel Olivenöl
in den Bräter geben und

250 g Schalotten in feinen Streifen
anschwitzen, bis sie glasig sind.

1 Thymianzweig
dazugeben und mit

200 ml Rotwein
ablöschen. Ein wenig einkochen und mit

500 ml Hühner- oder Kalbsfond
aufgiessen.

Das Fleisch in den Bräter geben und bei 220 Grad 20 Minuten braten. Den Ofen auf 150 Grad zurückdrehen und weitere 15 Minuten braten. Den Bräter aus dem Ofen nehmen, das Fleisch mit Alufolie (vorher einfetten) abdecken und warm stellen.

Den Bratenfond aufkochen, durch ein Sieb passieren und mit Salz und Pfeffer abschmecken, einrühren.

1 Stückchen kalte Butter

für die Gnocchi:

500 g Kürbisfleisch

geschält und entkernt in grobe Stücke schneiden und 15 Minuten in Salzwasser köcheln lassen. Danach abgießen, auf ein Backblech legen und im Ofen bei 200 Grad 25 Minuten trocknen. In der Küchenmaschine pürieren und mit

80 g Mehl, 1 Ei, 1 Eigelb
Muskatnuss, 100 g Parmesan
2 EL gehackter Petersilie
Salz und Pfeffer

zu einem festen Teig verkneten. Den Teig zu finger-dicken „Würsten" rollen und schräg in 2-3 cm lange Stücke schneiden. In kochendes Salzwasser geben und einige Minuten ziehen lassen. Die Gnocchi sind fertig, wenn sie oben schwimmen.

Getränkevorschlag:
Der ausgezeichnete Rotwein „Podio Alto" von der Domaine de Poujol, Coteaux du Languedoc (Pinard de Picard, Saarlouis).

Victor's Gourmetrestaurant
Schloss **Berg**

Ein Luxus-Restaurant in historischen Mauern, fürstliche Genüsse in königlichem Ambiente: In Perl-Nennig steht das Aushänge- schild der saarländischen Spitzengastronomie. Christian Bau, der Gipfelstürmer von Schloss Berg, holt hier die Sterne vom Himmel: Victor´s Gourmetrestaurant im Dreiländereck Deutschland- Frankreich-Luxemburg wurde innerhalb von zwei Jahren mit zwei Michelin-Sternen ausgezeichnet.

Victor´s Gourmetrestaurant Schloss Berg
Schlosshof 7
66706 Perl-Nennig
Tel.: 0 68 66/790
Ruhetage: Montag, Dienstag

T rüffel, Kaviar und Gänseleber, Scampi, Langustinen oder Hummer - das ist seine Welt.
Für Christian Bau ist das Beste gerade gut genug.
Der Küchenchef und gastronomische Leiter von Victor´s
Gourmetrestaurant Schloss Berg ist ein Verfechter der
klassischen französischen Küche, „allerdings leichter und
zeitgemäßer als früher", so Bau, mit weniger Butter
und Sahne.
Der gebürtige Offenburger (Jahrgang 1971) lernte und
arbeitete in Restaurants in Achern, Sasbachwalden
und Offenburg, ehe er zu Deutschlands bekanntestem
Drei-Sterne-Restaurant wechselte: der Schwarzwald-
stube Traube Tonbach in Baiersbronn. Dort stieg Bau bis
zum Stellvertretenden Küchenchef von Deutschlands
Koch Nummer 1, Harald Wohlfahrt, auf. So war es kein
Wunder, dass schon ein halbes Jahr nach Baus Wechsel
auf Schloss Berg im April 1998 der erste Michelin-Stern
über Victor´s Nobel-Herberge leuchtete. Und schon ein
Jahr später kam der zweite Stern hinzu, ein riesiger
Erfolg für Christian Bau und sein Team, aber auch eine
große Verpflichtung.

Christian Bau

1997 übernahm Victor´s Residenz-Hotels das von Weinbergen umgebene Anwesen in Nennig. Im eleganten Restaurant und in der ehemaligen Kapelle stehen 34 Plätze zur Verfügung, bei gutem Wetter kann man im Hof auf der Terrasse genießen. Christian Bau und sein Team bieten im Dreiländereck verschiedene Menüs an: das „Menu Auguste Escoffier" mit fünf Gängen, ein Menu der Jahreszeit mit sechs und das „Menu Dégustation" mit acht Gängen. Zum Auftakt mundet beispielsweise ein Salat von Meeresfrüchten mit Limonen-Olivenöl oder eine Sülze von mildgeräucherten Rotbarbenfilets und eingelegten Provencegemüsen.

Die historischen Mauern aus dem Jahre 1100 waren im Zweiten Weltkrieg zerstört und von der saarländischen Landesregierung ab 1950 wieder aufgebaut worden.

Danach locken ein Sankt-Petersfisch und Scampi im leichten Zitronensud mit Koriander oder ein Atlantik-Seeteufel mit gebratenen Artischockenspalten. Medaillons vom Rehbockrücken mit gebratener Gänseleber, Milchkalbskotelette in Salbeibutter gebraten oder Schwarzfederhuhn mit Rosmarin gespickt im Ganzen - das sind nur ein paar Beispiele aus der ausgezeichneten Schloss-Küche.

Ein Thema für sich sind die Käseauswahl und die Weinkarte, besser gesagt das Weinbuch mit einer erstklassigen Auswahl...

Eine gute Ergänzung zum Gourmet-Restaurant ist das rustikale Landgasthaus Die Scheune mit 120 Plätzen und einem großen Angebot verschiedener Menüs. Auf drei Etagen werden hier von einem eigenständigen Küchen- und Serviceteam Gerichte von Schnitzel und Rinderbraten über Entrecote, Kalbsnuss oder Rinderfilet bis Reh- oder Lammrücken angeboten.

Feine **Kalbskutteln** mit **Trüffeln** und gebackener **Langustine**

Zutaten für vier Personen:

2 Schalotten	(fein gewürfelt) in
etwas Butter	dünsten (sie sollen keine Farbe annehmen).
500 g frische Kalbskutteln	(vom Metzger vorbereitet, gewässert und in feine Streifen geschnitten) hinzugeben und mit
250 ml trockenem Riesling	ablöschen. Mit
hellem Geflügelfond	angießen, so dass die Kutteln eben so bedeckt sind.
Gewürzsäckchen (aus Knoblauch- zehe, Thymian, Lorbeer Nelke, Pfefferkörnern) 20 g Perigordtrüffel gehackt (oder andere schwarze Trüffel aus dem Feinkostgeschäft)	hinzugeben und zirka 90 Minuten sanft weichkochen. Die Kutteln abgießen und den Fond einkochen lassen, dann
250 ml Sahne	hinzugeben und leicht sämig kochen. Mit
etwas Trüffelsaft und Trüffelöl	abschmecken, dann
blanchierte Gemüserauten	
gehackte Kräuter,	die Trüffel und die Kutteln wieder in die Soße geben.
8 ausgebrochene Langustinenschwänze	(küchenfertig vorbereitet) würzen,
2 geschälte Kartoffeln	zuerst in dünne Scheiben, danach in feine Streifen schneiden.

Die Langustinen in die feinen Kartoffelstreifen hüllen
und bei 180 Grad zirka zwei Minuten frittieren.
Mit   Salz und Pfeffer
würzen.
Die Kutteln auf vorgewärmten Tellern anrichten,
obenauf die gebackenen Langustinen plazieren,
eventuell mit etwas Trüffeljus verfeinern.

Getränkevorschlag:
Ein großartiger Südafrikaner: Chardonnay „Méthode
Ancienne" (Barriqueausbau), Springfield Estate,
Robertson (VIF Weinhandel Völklingen)

Linslerhof

Historischer Gutshof Linslerhof
66802 Überherrn
Tel.: 0 68 36/80 70
Kein Ruhetag

Er war Klosterbesitz und Wallfahrtsort. Hier wurden Pferde gesegnet. Er hatte eine eigene Bahnstation. Um die Jahrhundertwende umfasste er 1500 Morgen Land und ein großes Wald- und Sumpfgebiet: der historische Linslerhof bei Überherrn - 1154 erstmals urkundlich erwähnt. Heute kümmert sich Brigitte von Boch um das stattliche Anwesen. Das präsentiert sich mit Hotel, Seminarräumen, Wellnessbereich und umfangreichem gastronomischen Angebot als attraktive Adresse.

Schon beim Rundgang vom großzügigen Parkplatz aus kommt
Freude auf. Rechts die Pferdeställe, links die verschiedenen Gast-
räume - alles gepflegt und einladend.
Es sind die Kleinigkeiten, die Liebe zum
Detail, die überzeugen. Die schmucken
schmiedeeisernen Schilder zum Beispiel, die den Weg zur St. Georg- und
zur St. Antonius-Stube oder zum Festsaal St. Hubertus weisen.
Die Namen deuten es an: Die Jagd
spielte und spielt auf dem Linslerhof
von jeher eine große Rolle.
Schon Kaiser Barbarossa hatte es vor
800 Jahren in das wild- und fischreiche
Bisttal gezogen. Diese Tradition griff
Familie von Boch-Galhau auf. Der Hof,
der seit 1824 in Familienbesitz ist und
Mitte 1980 leerstand, wurde neu be-
lebt. Anfang der 90er Jahre wurden die
Kuhställe in Boxen für Pensionspferde
umgewandelt. 1994 eröffnete man
eine Jagdschule und eine unterirdische
Schießanlage.

Betriebsleiterin Nicola Ehrlich,
Restaurantleiter Jérémie Strehl,
Küchenchefin Renate Luft

Danach war die Gastronomie an der Reihe. Der ehemalige Pferdestall wurde zur St. Antonius-Stube umgewandelt. Aus dem Hengststall nebenan wurde die rustikale St. Georg-Stube. Und dazu kommen der großzügige Festsaal sowie ein Biergarten unter Kastanienbäumen. Und das separat stehende Hotel im ehemaligen Gutshof lädt mit seinen 64 Zimmern im englischen Landhausstil zum Übernachten ein. Fünf Seminarräume und ein Wellnessbereich runden das Angebot ab. Betriebsleiterin im Linslerhof ist Nicola Ehrlich. Die Küche setzt auf Vielfalt - und auf Qualität. Ein breites, aber hochwertiges Angebot ist die Devise auf dem Linslerhof, auf dem vom Wanderer oder Radfahrer bis zum weitgereisten Geschäftsmann und anspruchsvollen Gourmet jeder auf seine Kosten kommen soll. Diesen nicht einfachen Spagat sollen Küchenchefin Renate Luft sowie Restaurantleiter Jérémie Strehl vollbringen.

V om rustikalen Gutsherren-Teller bis zum Feinschmecker-Menü reicht ihr Angebot. Renate Luft hat nach Stationen in der Villa Fayence in Wallerfangen und in der Schweiz elf Jahre in Hongkong Erfahrungen gesammelt. Eine „bodenständige Küche" ist ihre Sache, „klassisch, nicht verkünstelt", mit regionalen Gerichten „und natürlich mit asiatischen Einflüssen", so die Küchenchefin.

An der asiatischen Küche fasziniert sie die Frische, die Vielfalt der Produkte, der Kräuter und Gewürze. So steht neben einer Graupen- und einer Zwiebel- auch eine Thaisuppe auf der Karte. Das Rumpsteak vom Bison bereitet Renate Luft auf „asiatische Art" zu, bei den vegetarischen Gerichten lockt Gemüse aus dem Wok mit chinesischem Reis.

Doch das sind nur einige Beispiele. Die Küche überzeugt ebenso mit einem zarten Lammcarpaccio aus dem warmen Buchenrauch, mit Wachtel à la Brigitte auf pikantem Linsen-Gemüse-Bett und feinem Kalbsfilet im Heu gegart mit Ofenkartoffeln. Außerdem werden drei Tagesgerichte angeboten, nach Fischen sollte man fragen und während der Wild-Saison gibt's Frisches aus dem Britter Wald. Als Regionalgericht empfiehlt sie Stubenküken, im Saarland auch „Mistkratzer" genannt, pfiffig gefüllt mit Lemongras und Pfefferminze und mit Soja- und Chilisoße bestrichen.

Stubenküken
mit Grumbeere und Schweinsrüben

Zutaten für vier Personen:

4 Stubenküken à 300-350 g	nach Geschmack mit
gehacktem Lemongras	
(Zitronengras)	und
1-2 Knoblauchzehen	sowie
Pfefferminze	füllen. Mit
Sojasoße und Chilisoße	bestreichen, mit
buntem Pfeffer	bestreuen und bei 180-200 Grad zirka 20 Minuten im Ofen garen.
1 kg Kartoffeln, 1 kg Runkelrüben	schälen, in Würfel schneiden und in reichlich Salzwasser nicht zu weich kochen. Alles abkühlen lassen und einen Salat daraus mischen.
30 g Dörrfleisch	würfeln und anbraten,
2 Blättchen Liebstöckel	
(Maggikraut)	hacken und alles zum Salat geben. Mit
Essig und Öl	anmachen, mit
Salz und schwarzem Pfeffer	würzen und gut vermischen.

Den Salat auf einem großen Teller anrichten und die knusprig gebratenen Stübenküken obendrauf setzen.

Getränkevorschlag:
Dazu passt die elegante Burgunder-Cuvee vom Weingut Helmut Herber in Perl.

Scherer

Im Saarland gibt es eine ganze Menge gewachsener Familien-betriebe. Meist als Gastwirtschaft gegründet, bauen die folgenden Generationen das Haus zum Restaurant aus. In einigen Fällen kommen dann auch noch Zim-mer hinzu. Einer dieser mit viel Engagement geführten Familien-betriebe ist das Hotel-Gasthaus Scherer in Schiffweiler.

Martin Scherer inmitten
seiner Mannschaft

Hotel-Gasthaus Scherer
Klosterstraße 3
66578 Schiffweiler
Tel.: 0 68 21/6 97 38
Ruhetage: Sonntagabend und Mittwoch

Bodenständig, saisonorientiert und auf moderne Art zubereitet - so beschreibt Martin Scherer seine Küche. Der Gastronom aus Schiffweiler (1964 in Saarbrücken geboren) führt das Haus (10 Zimmer, Tagungs- und Gesellschaftsräume bis 120 Personen), das er von seinen Eltern übernahm, seit 1984. Zuvor hat er unter anderem im Frankfurter Hof und im Landhaus Scherrer (Hamburg) gelernt und gearbeitet.

Das Restaurant bietet 55 Plätze, dazu kommen ein Nebenzimmer für 60 und ein Saal für 120 Gäste. „Wir haben stets viele deutsche beziehungsweise regionale Gerichte im Angebot", erklärt der Patron: Salate der Saison in vielen Variationen, als Vorspeise zum Beispiel geräuchertes Forellenfilet auf Sellerie oder eine Schneckencremesuppe.

Bei Scherers wird auch gerne mit Fisch gearbeitet - ein Hummer mit mächtigen Scheren ziert die Schrift auf der Hauswand. Als Fischempfehlung findet der Gast unter anderem Welsfilet in der Käse-Ei-Hülle, Zanderfilet gegrillt mit Sahnesenfkörnersoße oder eine Roulade von Lachs- und Zanderfilet.

Groß ist die Auswahl an Fleischgerichten: Das reicht vom Schweinebraten über Rinderhüfte in Burgundersoße, Cordon Bleu, gefüllte Poulardenbrust und Steaks bis zu Barbarie Entenbrust mit Orangensoße oder Lammhaxe. Und nicht nur im Winter sind Wildgerichte sehr gefragt. Geschmortes vom Reh mit Waldpilzen oder Rehmedaillons mit Austernpilzen findet man auch im Juni oder Juli auf der Karte. Dazu Spezialitäten je nach Saison, zum Beispiel Spargel oder Pfifferlinge (etwa ein Pfifferling-Risotto mit Truthahnstreifen).

Azubi Bernd Schmitt

Großen Wert wird bei Scherers auf die Ausbildung gelegt. Und so stammt das Rezept für dieses Buch auch von einem Azubi: Bernd Schmitt lernt jetzt im dritten Jahr Koch, bereitet sich auf seine Prüfung vor. Die leckere Nachspeise hat er zusammen mit Martin Scherer und Küchenchef Alexander Weber entwickelt. Bernd Schmitt hat sich nach der Gesamtschule und einem dreiwöchigen Praktikum bei den Scherers dazu entschlossen, Koch zu werden. „Das war der Beruf, der mich am meisten interessiert hat", erzählt der 18-Jährige aus Schiffweiler, „es macht mir Spaß, den Leuten mit einem guten Essen eine Freude zu bereiten."

Viezcrème

mit Heidelbeer-Soße

Zutaten für vier Personen

für die Crème:
waschen, schälen, achteln, blättrig schneiden, mit
aufkochen, dann auf ein Sieb geben.
Leicht abgekühlten Viez mit
bis zur sämigen Konsistenz warm aufschlagen.

200 g Äpfel (z. B. Jonathan)
100 ml Merziger Viez

3 Eigelb, 90 g Zucker

6 Blatt Gelatine	in kaltem Wasser einweichen, ausdrücken und zugeben, in Eiswasser die Schüssel abkühlen lassen, bis am Rande das Stocken beginnt.
200 g Sahne	schlagen und zusammen mit den Apfelspalten unterheben. In kalt ausgespülte Förmchen oder kleine Schüsseln einfüllen und mindestens zwei Stunden im Kühlschrank kaltstellen.

für die Soße:

125 ml Heidelbeersaft	mit
60 g Zucker	aufkochen, mit
1 TL angerührtem Stärkemehl	andicken, dann mit
1 cl Cassislikör	verfeinern.
100 g Heidelbeeren	unzerkleinert hinzugeben. Gestürzte Apfelweincreme auf Teller geben, mit der lauwarmen Heidelbeersoße,
Heidelbeeren, Apfelspalten geschlagener Sahne, Puderzucker	garnieren.

Eine Variante: Anstatt der Heidelbeer- kann man auch eine Kirsch- oder eine andere Frucht-Soße reichen.

Getränkevorschlag:
Riesling Spätlese halbtrocken vom
Weingut Eberhard Bertel in Perl-Oberperl.

Petri Hof

Wenn mehrere Generationen engagiert zusammen arbeiten, dann stehen die Erfolgsaussichten gut. So ist mit der Gastronomin Iris Feld und dem Küchenchef Harald Engel auch wieder neues Leben in den Petri Hof in Bous eingezogen. Das Hotel-Restaurant wurde im Juni 2000 wiedereröffnet und erfreut sich steigender Beliebtheit.

Hotel-Restaurant Petri Hof
Kirchstraße 23
66359 Bous
Tel.: 0 68 34/21 39
Ruhetag: Dienstag
wochentags ab 18 Uhr geöffnet

Klassische internationale Küche und regionale Hausmannskost, phantasievolle kalte Buffets und verschiedene Feste mit Überraschungen - der Petri Hof bietet eine breite Palette. Das Prestige-Objekt der Gemeinde Bous ist ein Haus für viele Gelegenheiten: die Pilsstube mit 40 Plätzen, das Restaurant für bis zu 70 Gäste und ein Saal für größere Veranstaltungen.

Seit der Wiedereröffnung durch die Gastronomin Iris Feld im Juni 2000 leitet Harald Engel (Jahrgang 1969) die Küche. Der Küchenmeister und staatlich geprüfte Gastronom aus der Landeshauptstadt hat im renommierten Restaurant Bastei in Saarbrücken gelernt und in angesehenen Häusern unter anderem im Schwarzwald gearbeitet. „Wir orientieren uns an der Saison, verarbeiten nur frische Produkte", so Engel, „auch das Eis wird im Petri Hof selbst gemacht."

Die Karte wartet mit Klassikern der internationalen Küche auf, von der Französischen Zwiebelsuppe und dem Helgoländer Krabbencocktail über Wiener Schnitzel und Pariser Pfeffersteak bis zum Chateaubriand für zwei Personen. Groß ist die Auswahl an Fischgerichten: Forelle blau oder Müllerin, Schollenfilets mit Berner Soße, gedünsteter Lachs in feiner Rieslingcrème, Filet vom St. Pierre oder Seezungenfilets Monte Carlo, um nur ein paar Beispiele zu nennen.

Iris Feld mit
Küchenmeister Harald Engel

Azubi Eugen Werwein

Daneben gibt es eine kleine Auswahl vegetarischer Gerichte (Käsespätzle mit Zwiebelschmelze und Salat) und Hausmannskost (gefüllte Kartoffelklöße oder Hoorische mit Speckrahmsoße). Eine Spezialität des Hauses sind Kalte Buffets, beispielsweise mit Lachsterrine, gefülltem Hecht, Rehrücken Baden-Baden oder gefüllten Wachteln. Früchte aus heimischer Region, mit Phantasie zusammengestellt und hübsch dekoriert - so sieht das Rezept aus, das Eugen Werwein, Auszubildender im Petri Hof, zusammen mit Küchenchef Harald Engel entwickelt hat.

Der 18-Jährige aus Tholey-Hasborn serviert uns glacierte Hagebutten auf Maronen-Sahnecrème - wunderschön mit roten Rosen geschmückt.

Glacierte Hagebutten
auf Maronen-Sahnecrème

Zutaten für vier Personen:

400 g Esskastanien	in etwas Salzwasser weich kochen, mit kaltem Wasser abschrecken, heiß schälen, pürieren.
50 g Zucker	mit etwas warmem Wasser auflösen,
1 Vanilleschote	aufschneiden, dazu geben und zu einem dickflüssigen Sirup einkochen, dann Vanilleschote wieder entfernen.
2-3 Blatt Gelatine	in kaltem Wasser einweichen, gut ausdrücken und in dem Vanillesirup auflösen.
	Sirup und
2 cl Birnenbrand	zu den Kastanien geben und glatt rühren.
200 g Schlagsahne	steif schlagen und vorsichtig unter die fertige Kastanienmasse ziehen.
	Die Maronen-Sahnecrème in Sektschalen füllen und zirka zwei Stunden kalt stellen.
125 g Hagebutten	verlesen, halbieren, Kerne und Härchen entfernen. Hagebuttenhälften zirka zehn Minuten wässern, abtropfen lassen. In
125 ml Weißwein, 1 EL Zucker	und
1 Päckchen Vanillezucker	zirka 10 bis 15 Minuten weich dünsten und so lange einkochen bis die Hagebutten glaciert (mit dem Sirup überzogen) sind. Die Hagebutten auf die Crème geben und mit Rosenblüten und -blättern dekorieren.

Getränkevorschlag:
Ein fruchtiger Sekt von Erwin Foetz in Perl-Sehndorf und
zwar ein Grauer Burgunder brut
(Moselland-Winzergenossenschaft).

Roemer

Hotel-Restaurant Roemer
Schankstraße 2
66663 Merzig
Tel.: 0 68 61/93 39-0
Ruhetag: Samstagmittag

*Ein Haus mit Geschichte. 1871 wurde es als Stadthotel erbaut.
Ältere Einwohner erinnern sich: Früher führten die Familien Hartfuß
und Römer das Anwesen. Zeitsprung: 1995 wurde es umfassend
modernisiert und 2000 um einen geräumigen Tagungsbereich,
moderne Hotelzimmer und eine großzügige Sommerterrasse
erweitert: das Hotel-Restaurant Roemer in der Schankstraße
in Merzig. Heute lenken die Familien Koster und Schneider die
Geschicke in dem markanten Eckhaus in der Nähe des Bahnhofs.*

Hier kann man Feste feiern wie die alten Römer. Im Restaurant, in der Bier- und Wein- oder der Terrakottastube. Und im hellen Saal mit eigenem Buffet und Trennwand - dort finden bis zu 120 Personen Platz. Das müde Haupt kann man anschließend in einem der 42 komfortablen Zimmer zur Ruhe betten.

Der neugebaute Saal präsentiert sich hell und freundlich, mit großen Fenstern. „Mit einer Trennwand kann man den großen in zwei kleinere Säle verwandeln", erklärt Geschäftsführer Markus Koster beim Rundgang. Vom Saal aus geht's auch heraus auf die neue Terrasse mit 70 bis 80 Plätzen. Das Hotel-Restaurant Roemer setzt auf familiäre Atmosphäre und ein vielfältiges Angebot. Im gemütlichen Restaurant finden 40 Gäste Platz, reizvoll sitzt man auch in der Terracotta-Stube mit Fliesen-Wandbildern von Villeroy & Boch (20 Plätze), und in der Pils- und Weinstube kann man sich ein frisch gezapftes Bier oder ein Viertel Wein schmecken lassen.

Alte Fliesen von V&B zieren auch andere Räume im Roemer, drücken „die enge Verbundenheit mit dem heimischen Unternehmen" aus, so Markus Koster.

Um die Küche und den Service im Roemer kümmern sich Hans-Josef und Sonja Schneider und ihre Teams.

Küchenchef Hans-Josef Schneider und Stellvertreter Christian Leidinger

Der Küchenchef und sein Stellvertreter Christian Leidinger setzen auf Vielfalt: „Wir bieten eine internationale Küche mit französischem Einschlag an", erklärt Hans Josef Schneider. „Und wir legen Wert auf regionale Produkte." Auf der Standardkarte finden die Gäste Klassiker wie zum Beispiel „Schweinefilet-Würfel in Apfel-Viezsoße" oder „Medaillons vom Kalbsrücken an Roquefort-Soße". Daneben gibt es eine aktuelle Karte, die sich am Marktangebot orientiert und etwa alle zwei Wochen wechselt. „Außerdem bieten wir tägliche Empfehlungen an", so der Küchenchef, und für den anspruchsvollen Gast ein „Menu Surprise". Auch eine kleine Auswahl vegetarischer Gerichte steht stets auf der Karte. Eine Spezialität des Hauses sind Wildgerichte, „das Fleisch stammt aus heimischen Wäldern", so Schneider. Und ab und an bietet die Roemer-Küche auch mal etwas Exotisches an, zum Beispiel ein Filet vom Känguruh. Bemerkenswert und immer eine Versuchung ist die Weinkarte. Mit viel Sachverstand zusammengestellt, bietet sie eine gute Auswahl und ein hervorragendes Preis-Leistungsverhältnis.

Variation von **Erdbeer** und **Birne**

Zutaten für vier Personen:

1 kg weiche Birnen
250 g Zucker, 1 l Wasser
1 Zimtstange

8 cl Birnenschnaps

schälen und vom Kerngehäuse befreien, mit

in einem großen Topf aufsetzen und zur Hälfte
einkochen. Mit
abschmecken.
Die Masse in einer Sorbet- oder Eismaschine zu Birnensorbet verarbeiten.
Wer keine Maschine hat: In der Tiefkühltruhe unter
gelegentlichem Umrühren fest werden lassen.

250 g Erdbeeren und
1 große Birne putzen und waschen.
Die Erdbeeren in dünne Scheiben und in Fächer schneiden und auf einem großen flachen Teller nach Gefallen anrichten. Die Birne vierteln, entkernen und ebenfalls in Fächer schneiden. Neben den Erdbeeren anrichten.
In die Tellermitte eine oder zwei Kugeln Birnensorbet plazieren.

Die aus

zirka 30 g Zucker
2 cl Eierlikör, 2 cl Pernod
buntem Pfeffer
1/4 l flüssige Sahne aufgeschlagene Soße über und um das Sorbet garnieren.

Getränkevorschlag:
Dazu passt der fruchtige Chardonnay „Chicureo" von J. Bouchon/Chile (Segovia Merzig).

Hämmerle´s

Hämmerle´s
Bliestalstraße 110a
66440 Webenheim
Tel.: 0 68 42 / 5 21 42
Ruhetage: Samstag und
Dienstagabend

Von Rudi zu Cliff. Hauptsache Hämmerle. Der Name ist nicht nur in Blieskastel-Webenheim ein Begriff. Wenn das Feuer im Steinbackofen brennt, kommen Gäste aus vielen Teilen des Saarlandes und der benachbarten Pfalz, um sich einen Flammkuchen schmecken zu lassen. Doch Cliff und Stephanie Hämmerle haben mit ihrer Landhausküche noch mehr zu bieten.

Orangerot leuchtet das Feuer im Steinbackofen...

Cliff Hämmerle legt zwei Scheite Buchenholz nach. Dann holt er den vorbereiteten Teig aus der Küche. Der ist mit Crème fraiche, Zwiebeln und Dörrfleisch belegt. Das ist die klassische Variante. Während wir uns einen Teller mit Salat und Rohkost schmecken lassen, wird der Teig schön knusprig. Auf einem großen Holzbrett kommt er wenig später auf den Tisch - köstlich. „Wir haben den Ofen in unseren Gastraum integriert, damit man miterleben kann, wie der Flammkuchen gebacken wird", erklärt Cliff Hämmerle, Inhaber und Küchenchef in Hämmerle's (früher Rudi's Bauernstube). Jeden Donnerstag und Freitag wird diese aus dem Elsass stammende Spezialität angeboten, der Andrang ist mächtig. Neben dem traditionellen Rezept mit Crème fraiche, Zwiebeln und Dörrfleisch wird der Flammkuchen in verschiedenen Variationen angeboten: zum Beispiel „nach Art der Bliesfischer" mit Lachs, Zander und Blattspinat, provencalisch mit Tomaten, Schafskäse, Knoblauch und Kräutern - oder auch süß: mit Apfel, Zucker und Zimt.

Cliff Hämmerle (Jahrgang 1970) hat das Restaurant 1995 von seinem Vater Rudi übernommen. Zuvor sammelte er in verschiedenen Häusern Erfahrung, unter anderem bei Sterne-Köchin Margarethe Bacher in Neunkirchen. Er bietet „eine Landhausküche mit Pfiff" an, hier soll sich die ganze Familie wohl fühlen. Cliffs Ehefrau Stephanie leitet den Service und Schwiegermutter Hanne Bousch hilft auch noch mit.

„Frische und Qualität sind mir besonders wichtig", so Hämmerle. Beliebt ist das Salat-Buffet, ebenso die Filet-Spezialitäten, ob von Lachs, Zander oder Seewolf, Pute, Schwein oder Rind. Vegetarische Gerichte (Käsespätzle nach Oma Hämmerle, gefüllte Aubergine vom Grill mit Nudeln) gehören ebenfalls zum festen Angebot wie hausgemachte Nudeln in verschiedenen Variationen - mit Gemüse und Putenfleisch oder mit Entenstreifen in Currysoße. Und Berufstätige sowie Geschäftsreisende wissen es zu schätzen: Mittags werden drei Stammessen angeboten, dazu gibt´s ein täglich

wechselndes Dessert - „alles hausgemacht", versichert der Küchenchef. Rund 70 Plätze stehen zur Verfügung, ganz neu sind der Wintergarten und die kleine Vinothek, auch die Terrasse wurde jüngst vergrößert. Und die Kinder zieht´s bei gutem Wetter auf die Spielwiese mit Schaukel und Kletterturm.

Flammkuchen mit
Äpfeln, Quark,
Zucker und Zimt

Zutaten für sechs Personen:

	für den Teig:
20 g frische Hefe	mit
6 g Zucker	und 1/3 von
300 ml lauwarmem Wasser	zehn Minuten ziehen lassen, bis sich eine Schaumkrone bildet. Das restliche lauwarme Wasser,
6 g Salz	und
600 g Mehl	dazugeben und das Ganze zu einem glatten, geschmeidigen Teig kneten. Den Teig portionieren und (bei Zimmertemperatur) zirka 20 Minuten gehen lassen.

für den Belag:
in der Zwischenzeit

6 Äpfel (Jonagold, der optimale Backapfel)	schälen und in dünne Scheiben schneiden,
300 g Magerquark	und
300 g Crème fraiche	mischen und mit
100 g Zucker	abschmecken. Den Teig ausrollen, mit der Mischung bestreichen, mit den Apfelscheiben belegen und mit Zucker und Zimt bestreuen. Bei zirka 200 Grad ungefähr zehn Minuten backen.

Der besondere Clou: Flammkuchen am Tisch mit Calvados flambieren und dazu ein Bällchen Bourbon-Vanille-Eis servieren.

Getränkevorschlag:
Ein Terlaner Weißburgunder von Manincor in
Kaltern/Südtirol
(Christ's Weindepot in Saarlouis).

Horst Stank

Evangelisches Krankenhaus
Saarbrücken

Evangelisches Krankenhaus Saarbrücken
Großherzog-Friedrich-Straße 44
Tel.: 06 81 / 38 86-0
Casino für Publikumsverkehr geöffnet von 12 bis 13 Uhr,
Essensmarken gibt es an der Kasse

Er liebt Fußball und Bier. Ist Westernhagen- und VfL Bochum-Fan.
Er stammt aus dem Ruhrpott und lebt seit fast 30 Jahren im Saarland:
Horst Stank wohnt in Dudweiler und arbeitet in Saarbrücken.
Seit 1983 leitet er die Küche im Evangelischen Krankenhaus.

Der gebürtige Bochumer lernte den Kochberuf in seiner Heimatstadt, kam 1972 ins Saarland. Unter anderem arbeitete er im Johannishof, im Restaurant Fröschengasse und in Haucks Weinstube. Er ist Koch aus Leidenschaft: „Ich würde nichts anderes machen wollen", erklärt Horst Stank, Jahrgang 1948, „das ist ein toller Beruf, bei dem man unter Leute kommt und flexibel ist."

Als Küchenleiter im Evangelischen Krankenhaus hat er eine große Verantwortung. Täglich werden hier zwischen 200 und 250 Essen zubereitet. „Rund 150 für unser Krankenhaus, und knapp 100 gehen außer Haus."

In seiner Freizeit beschäftigt sich Horst Stank am liebsten mit Bier, Fußball und Musik. Er ist ein leidenschaftlicher Fan von Westernhagen: „Vor zwei Jahren bei der großen Tournee war ich auf allen Konzerten." Außerdem gehört Stank zu den Anhängern des VfL Bochum. Seine größte Leidenschaft aber ist das Sammeln von Brauerei-Ansteckern, von denen er inzwischen 2600 verschiedene Bier-Pins aus aller Welt besitzt.

Für den leidenschaftlichen Koch ist Bier und Essen schon immer ein Thema gewesen: „Da geht einiges, mit Bier kann man viel machen", erklärt Stank. Zum Beispiel Soßen zu rustikalen Fleischgerichten. Oder auch ein Dessert - natürlich hier mit einem beliebten saarländischen Gebräu...

Zwickelbier-Crème
mit Quark-Orangen-Soße

Zutaten für 4-6 Personen:

für die Crème:

200 g Zucker	im Topf goldbraun schmelzen lassen, mit
0,5 l Zwickelbier	ablöschen.
1 Prise Zimt, 2 cl Rum	und
1 Prise Vanillezucker	zugeben, dann etwas erkalten lassen. Inzwischen
7-8 Eigelbe	mit
80 g Puderzucker	schaumig rühren, die Flüssigkeit in einer Kasserolle erwärmen.

Das Eigelb mit der Flüssigkeit aufgießen und unter ständigem Rühren mit einem Holzlöffel solange bis kurz vor dem Siedepunkt erhitzen, bis die Flüssigkeit beim Entfernen des Löffels leicht kleben bleibt.

6-8 Blatt weiße Gelatine	in kaltem Wasser einweichen, zugeben und verrühren. Im Wasserbad abkühlen.
500 g Sahne	schlagen, noch vor dem Stocken zusammen mit
2 EL gerösteten Mandeln	und
in 1 EL Grand Marnier getränkten Rosinen oder entkernten und abgezogenen Weintrauben	unter die Masse unterheben, in Portionsförmchen füllen und kühl stellen.

für die Quark-Orangen-Soße:

	2 Orangen
schälen und filetieren.	125 g Magerquark
	1/8 l Sahne, 1/8 l Milch
vermischen,	
mit etwas	Orangensaft
glattrühren, mit	abgeriebener Orangenschale
und falls nötig mit	etwas Trauben- oder Puderzucker
abschmecken.	
Quarksoße auf große, flache Teller geben,	
in die Mitte die Zwickelbier-Crème stürzen, ringsum mit	Orangenfilets
garnieren. Eine halbe Weintraube und ein	Minzblättchen
auf die Crème setzen.	

Getränkevorschlag:
Zur Zwickelbier-Crème empfehlen wir -
nein, kein Zwickelbier. Das trinken wir
vorher zum Hauptgericht, zum Beispiel
zu einem in Bier geschmorten Braten.
Zur süßen Crème passt
eine fruchtig-liebliche
Grauer Burgunder Spätlese vom
Weingut Erhard Marx in Perl-Sehndorf.

131 Restaurant Die Alte Brauerei
Kaiserstr. 101
66386 St. Ingbert
Tel.: 0 68 94/9 28 60

62 Restaurant Amadeus
Trierer Str./Saargalerie
66117 Saarbrücken
Tel.: 06 81/4 21 24

84 Hostellerie Bacher
Limbacher Str. 2
66539 Neunkirchen
Tel.: 0 68 21/3 13 14

37 Hotel-Restaurant Bard
Hofgut Imsbach
66636 Theley
Tel.: 0 68 53/5 01 40

32 Gasthaus Beim Patric
Bliesgaustr.5
66440 Blieskastel
Tel.: 0 68 42/5 17 44

78 Café Kanne
Marienstr. 7-9
66538 Neunkirchen
Tel.: 0 68 21/2 22 11

42 Restaurant Carat,
Saarbrücker Str. 5
66740 Saarlouis-Fraulautern
Tel.: 0 68 31/8 83 11

52 H.P.'s Restaurant Die Linde
Einöder Str. 60
66424 Homburg-Schwarzenbach
Tel.: 0 68 41/26 94

159 Hotel-Restaurant Die Traube
Grülingstr. 101-103
66113 Saarbrücken
Tel.: 06 81/94 85 00

196 Evangelisches Krankenhaus
Saarbrücken
Großherzog-Friedrich-Str. 44
Tel.: 06 81/38 86-0

18 Restaurant Gräfinthaler Hof
66399 Mandelbachtal
Tel.: 0 68 04/9 11 00

191 Hämmerle´s
Bliestalstr. 110a
66440 Blieskastel-Webenheim
Tel.: 0 68 42/5 21 42

122 Hermann Neuberger Sportschule
Im Stadtwald 54
66123 Saarbrücken
Tel.: 06 81/ 3879-0

101 Hotel Mercure
Hafenstr. 8
66111 Saarbrücken
Tel.: 06 81/3 89 00

126 Hotellerie Hubertus
Metzer Str. 1
66636 Tholey
Tel.: 0 68 53/9 10 30

148 Restaurant Petit Chateau
Alte Reichsstr. 4
66424 Homburg-Schwarzenbach
Tel.: 0 68 41/1 52 11

66 Restaurant Kunz
Kirchstr. 22
66606 St. Wendel-Bliesen
Tel.: 0 68 54/81 45

181 Hotel-Restaurant Petri Hof
66359 Bous
Kirchstr. 23
Tel.: 0 68 34/21 39

154 Landgasthof Paulus
Prälat-Faber-Str. 2-4
66620 Nonnweiler-Sitzerath
Tel.: 0 68 73/9 10 11

136 Restaurant Quack
Deutschherrnstr. 3
66117 Saarbrücken
Tel.: 06 81/5 21 53

170 Linslerhof
Über Differter Str. (Ost: 2 km)
66802 Überherrn
Tel.: 0 68 36/80 70

28/58 Reha-Klinik St. Hedwig Illingen,
Krankenhausstr. 1
66557 Illingen
Tel.: 0 68 25/401-0

95 Luise Cafe Bar Restaurant
Am Fruchtmark 5-9
66606 St. Wendel
Tel.: 0 68 51/99 90 00

23 Ressmann´s Residence
Kaiserstr. 87
66459 Kirkel
Tel.: 0 68 49/9 00 00

186 Hotel-Restaurant Roemer
     Schankstr. 2
     66663 Merzig
     Tel.: 0 68 61/9 33 90

117 Rützelerie Geiß
     Blieskasteler/Brunnenstr.
     66459 Kirkel-Neuhäusel
     Tel.: 0 68 49/13 81

176 Gasthaus Scherer
     Klosterstr. 3
     66578 Schiffweiler
     Tel.: 0 68 21/6 97 38

164 Schloss Berg
     Schlosshof 7
     66706 Perl-Nennig
     Tel.: 0 68 66/790

 73 Restaurant Schlossgarten
     Spichererberg-/Ecke Talstr.
     66119 Saarbrücken
     Tel.: 06 81/5 19 85

 90 Hotel-Restaurant Sengscheider Hof
     Zum Ensheimer Gelösch 30
     66386 St. Ingbert
     Tel.: 0 68 94/98 20

106 Restaurant Seimetz
     Ludweilerstr. 34
     66352 Großrosseln
     Tel.: 0 68 98/46 12

 12 Restaurant Trampert
     im Alten Pfarrhaus Beaumarais
     Hauptstr. 2-4
     66740 Saarlouis
     Tel.: 0 68 31/96 56 70

112 Villa Fayence
     Hauptstr. 12
     66798 Wallerfangen
     Tel.: 0 68 31/9 64 10

 47 Restaurant Zum Blauen Fuchs
     Walhausener Str. 1
     66649 Oberthal/Steinberg-
     Deckenhardt
     Tel.: 0 68 52/67 40

141 Gasthaus Zum Schwan
     Derler Str. 34
     66346 Püttlingen
     Tel.: 0 68 98/6 19 74

Rezepte

Thomas Reinhardt geboren 1956 im saarländischen Ottweiler, studierte Literaturwissenschaft und Soziologie an der Universität Saarbrücken. Danach Tätigkeit als Journalist. Als Buchautor zu saarländischen Kulturthemen und Ressortleiter der Redaktion „treffregional" der Saarbrücker Zeitung auch beruflich mit seinen Hobbys Essen und Trinken verbunden.

Jochen Senf geboren 1942 in Frankfurt, aufgewachsen in Saarbrücken, drehte 1987 seinen ersten Tatort „Salü Palu". In zahlreichen Kino- und Fernsehfilmen, aber auch Serien hat er mitgewirkt. Weniger bekannt ist, dass der gelernte Schauspieler mit abgeschlossenem Germanistik-Studium zahlreiche Krimis und Kinderbücher verfasst hat.

Impressum
Die Deutsche Bibliothek - CIP-Einheitsaufnahme
Ein Titelsatz für diese Publikation ist bei
Der Deutschen Bibliothek erhältlich

Buchgestaltung	Christina Nagel
Satz	Alexander Detambel
	Satz- und Druckagentur Alexandra Henze, Blieskastel
Schrift	Rotis Sans Serif Light, Utopia
Papier	Euroart-matt 150g
Druck	Merziger Druckerei und Verlag
Bindung	Buchwerk, Darmstadt

Printed in Germany
ISBN 3-935731-11-6

Das **Saarland**
im Überblick